超入門

はじめての AI・データサイエンス

武石 智香子・佐々木 亮　共著

培風館

まえがき

　本書は，中央大学 AI・データサイエンス全学プログラムの「AI・データサイエンスツールⅠ」の内容を教科書および一般向け入門書としてまとめたものです。同科目は応用基礎レベルに位置づけられる入門科目で，ツールの使い方に重きがおかれています。本書の特設サイトでは，本書で扱うツールである Excel，Python，SQL の使い方を紹介する動画や，コピーできるコードが埋め込まれています。手を動かしながら本書を読み進めれば，まったくの初学者でも最後には AI 技術として知られる画像認識や自然言語処理まで体験できる構成になっています。

　本書は，教育で培った経験を社会人の学び直しに活かしたいと考えるシニアの大学教員と，実務で培ったスキルで学生の教育に貢献したいと考える若手の実務家がタッグを組んで執筆したものです。今後，単純作業は AI に大いに助けられていくであろう一方，AI を用いて人間が何を目指すのかを見定める力が問われていくことでしょう。発展していく AI 環境の中で，人間の協力のために AI が用いられていくことを切に願っています。

　本書の執筆にあたり，サポートを頂いた中央大学の酒折文武さん，中村周史さん，科目を運営する全学連携教育機構事務室の鈴木昇さん，秋元謙一さん，山川陽介さん，笹本英希さん，髙本喜美子さん，立ち上げ期から側方支援をいただいている西條貴陽さんや同事務室の全スタッフ，中央大学の AI・データサイエンスの企画管理を牽引している AI・データサイエンスセンター事務室の石倉孝一さん，今井文明さんら，みなさまの気持ちのよい協力関係に心よりお礼申し上げます。また，プログラム設置を実現した元全学連携教育機構事務室の谷祐史さん，鈴木克彦さん，馬庭豪志さんの推進力と温かな思い出に心より感謝いたします。そして株式会社培風館の斉藤淳さん，江連千賀子さんには，本書の出版に際してお世話になり，ありがとうございました。最後に，図や特設サイトの作成に協力をいただいた大学院生のウ・メイカン（于 鳴菡）さんとウクライナからの避難学生であるカテリーナ・ザンフィロワ(Kateryna Zanfirova)さんのご尽力に心より謝意を表します。

　2024 年 4 月

著　者

〈本書の特設サイト案内〉

 chikakot.r.chuo-u.ac.jp/c_take/my_first_DS_home.html

目　　次

第1章

はじめに

　まず，本書の使い方について説明しましょう。本書の対象と目的や本書で用いるツールについて，そしてデータサイエンスの共通項であるデータサイエンスのプロセスやデータの種類について紹介します。

1.1　AIとデータサイエンスと本書の目的

　AI（人工知能，artificial intelligence）が目覚ましい進展を遂げる現在，日常生活で使うものから研究，ビジネスの現場など様々な場所でデータが活用されるようになりました。そこでAIと密接な関係のある**データサイエンス**や，データを活用してビジネスに直接還元する**データアナリティクス**を，初歩から学んでみたいという人は少なくないのではないでしょうか。本書はそのような方に向けたものです。

1.1.1　本書の対象と目的

　AIあるいはデータサイエンスについて，「他人ごとだと考えてしまってはいけないけど，結局他人ごとになってしまっているかも」，「プログラミングそのものを学ぶほどではないけれど，プログラミングが何をしているのかは理解してみたい」，「データとAIがどう関係しているのかを実感してみたい」などと感じていませんか。

　本書はそんなみなさんのために執筆しました。大学でデータ分析を学ぶ学生，初学者の社会人の学び直しに役立ててください。初歩から入ってこれから学びを深めたいという人の入門書であるとともに，Excelによるデータ分析から機械学習までの全体像の把握を1冊で済ませたいという人にも向いています。本書は，特に手を動かしながら理解したい人のための指南書となるように，特設サイトを準備しました。読者がウェブサイトに埋め込まれた動画を視聴して，自らのペースで実習しながら本書を読み進めていくことができるようにしています。

　本書は，読者のみなさんがプログラミングなどの初学者であることを想定しています。本書によって，AI・データサイエンスという分野の基本をひと通り体験することで，学生のみなさんが今後プログラミング言語やデータベース言語をじっくり系統的に学びたいと感じるようになったり，世の中の動向を知っておきたい年長の管理職の読者のみなさんがAI・データサイエンス分野の具体的なイメージをもって管理業務にあたれるようになったとしたら，とても嬉しく思います。

　本書に沿った実習の中でコードが動くことを体感し，それが何をしようとしているのか考え，分析をどのようなプロセス・手順で進めていくのかを理解してください。

　AI・データサイエンスの世界は根本的にオープンな世界です。この世界にふれていく中で，世の中で起きている変化は人間を取り残して勝手に飛んでいる地球外の高速飛行物体のようなものではなく，ミスを修正し続け，情報交換をし，夢を実現するにはどうしたらよいかを考え，データを分析して議論し合い，教え，学び，協力して行動している人間たちの地道な努力とアイデアで成り立っているのだと感じてもらえたら嬉しいです。

1.1.2　AI とデータサイエンス

　では，AI とデータサイエンスはいったいどのような関係にあり，データサイエンスとはどのような分野を指すのでしょうか。

　現在の AI の中核的技術は**機械学習**（machine learning）です。機械学習では，学習モデルのパラメータをデータサイエンスを使って推測します。本書を読み進めていく中で，この意味を理解していきましょう。広義の**データサイエンス**の中の狭義の「データサイエンス」とは，ビッグデータの時代に応じて統計学が進化したものと考えてください。EC サイトや動画サイトなどでの推薦システム，人間と対話できるチャットシステムなど，サービスを飛躍的に伸ばす「飛び道具」を作り出すことを**データサイエンス**と表現します。さらに**データアナリティクス**という言葉もあります。こちらはデータを用いてビジネスなどの直接的な課題解決に結びつくデータ活用を行う分野です。データサイエンスの「飛び道具」に対して，事業推進の「ブレイン」になるイメージです。

　さらに，**データエンジニアリング**という言葉もデータサイエンスと一緒に語られます。データ活用のための基盤としてのインフラやシステムを構築したり，それらを運用しながらデータの整理をしたりすることを指します。つまり，一言でデータサイエンスといっても，広義のデータサイエンスは，機械学習やアルゴリズム構築に特化したデータサイエンティスト，ビジネス推進のブレインとしてデータ利活用をするデータアナリスト，そして基盤構築などを推進するデータエンジニアの携わる，3 つの分野が部分的に重なり合う広い範囲を指すのです。本書の内容はデータエンジニアリングとはあまり重ならない，データアナリティクスからデータサイエンスの基礎となる部分を対象としています。

1.2 本書で用いるツールについて

データサイエンティストはどのようなツールを用いているでしょうか。**プログラミング言語**でいうと，いまは **Python** と **R** が人気です。そして，**SQL** はビッグデータ時代に Python とともに用いられることの多い**データベース言語**です。さらに，一般人を含めたデータアナリストの多くが活用し，プログラミング言語を駆使するデータサイエンティストも併用している表計算ソフトが **Excel** です。そこで本書では，Excel の実習で実践的なデータアナリティクスの方法と基本的な考え方を身に付けたうえで，最終的に Python と SQL を使って AI 体験実習に到達するところまでをカバーします。

本書の目標は，データサイエンスがプログラミングによって現在の AI の中核的技術をなす機械学習の仕組みを作っていることを体験を通じて理解することです。本書は，あくまでも基本から AI・データサイエンスの入口までの全体像を駆け足で体験することに主眼をおく入門書となっています。読者によっては，本書を入口として，Python や SQL を自由に操ってコードを書けるようになるための発展的な学びにつなげて，データサイエンティストの道に進む人も出てくるかもしれません。そんなデータサイエンティストの道を辿る人にとっても，一般の幅広い層が各自の専門に知識を応用することができるようになるためにも，データ活用ツールを用いて分析を体験しながら，大きな視野で位置づけることが大切だと考えています。そこで，本書では以下のツールを使用します。

1.2.1 Excel について

Excel とは，Microsoft 社の提供するスプレッドシートソフトウェアです。Excel は PC に標準装備されていることもありますし，Microsoft 365 というサブスクリプションに加入して使用することもできます。本書は，読者の PC で Excel を使用できることを前提としています。みなさんの PC 環境や Excel のバージョンなどによって多少異なる部分があるかもしれませんが，本書では環境やバージョンによってそれほど差の生じない基本的な部分を中心に紹介していきます。なお，本書作成には Excel の ver. 16.0.16924.20054 を使用しました。

1.2.2 Python と Google Colaboratory について

Python は汎用プログラミング言語で，AI の中核的技術である機械学習の世界で最も使われているプログラミング言語です。本書では Python 3.10.12 を用いています。

プログラミング言語を用いるにはその環境を構築することが必要ですが，**Google Colaboratory**（通称 Colab）を用いれば Google のブラウザ上で Python が実行できるため環境構築が不要です。Google のアカウントをもっていれば誰でもその **GPU** （graphics processing unit）を使用することができます。GPU とは，コンピュータのチップのうち特に画像を高速処理する部分です。Colab には有料版もあり，本書で用いる無償版にできることに制約はあるものの，Google のアカウントさえ作っていれば，無償版は誰でも使うことができます。

1.2.3　SQL と SQLite について

Python が現在のところ最もよく使われている代表的な汎用プログラミング言語であるのと同様，**SQL** が現在よく使われているデータベース言語で，Python とセットで用いられることも多いです。

データベースとは一定の目的のために組織化されたデータの集まりのことです。データベースは，データの検索，追加，更新，削除が可能となるよう組織化されています。**データベース言語**とはデータベースの操作などをする言語のことで，その 1 つである **SQL**は，structured query language の略です。

クエリ（query）とは，本来「問い合わせ」という意味で，たとえていうと商品を運び込まずに倉庫に連絡して商品を操作する在庫管理部門のようなものと考えてください。SQLは，データベース（倉庫）にあるデータの情報を取得して操作できる言語です。Pythonと SQL をセットで用いることで，PC のローカル環境では扱いきれないような大規模なデータを操作することが可能になります。

本書では，DB Browser for SQLite という無料のアプリを PC にインストールする想定で SQL を学んでいきます。本書の SQLite は，SQLite 3.35.5 を用いています。

1.3　データサイエンスの共通項

データ分析には，データアナリティクスではよく用いられる**仮説検証型**の分析と，機械学習が得意とする**データ駆動型手法**の 2 つのアプローチがあります。前者は主として**演繹法**のアプローチ，後者は主として**帰納法**のアプローチです。両者には異なる点や用語の違いがありますが，分析のプロセスとデータの種類は共通項として知っておく必要があるのでここで紹介します。

1.3.1　データサイエンスのプロセスと本書の構成

データサイエンスのプロセスはつぎのように進みます。まずデータの収集から始まり，データの整形・加工，データの集計と要約，データの可視化，そしてデータ分析と進んでいきます（図 1.1）。

本書は，データサイエンスのプロセスに基づき，第 2 章でデータ入力，データクレン

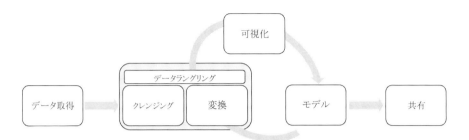

図 1.1　データサイエンスのプロセス

ジングとデータラングリング，第 3 章で Excel による探索的データ分析，第 4 章でプログラミング，第 5 章でオブジェクト指向プログラミングの基本を学んだうえで，第 6 章でPython による Excel の操作を試みます。第 7 章ではデータベース言語の基本を学び，第8 章で Python による探索的データ分析，第 9 章で最適化を用いた分析にふれ，第 10 章で統計的推定と仮説検定，第 11 章で機械学習の基礎，そして第 12 章で AI を体験します。そして第 13 章ではさらに先を見据えて web3 の世界の紹介へと進んでいきます。

1.3.2　データの種類

　さて，データ入力，データクレンジング，データラングリング，・・・ と「データ」という語が並んでいますが，データサイエンスのすべてのプロセスで前提となるのはデータの種類を見分ける力です。データを収集したり，データを入力したりする以前にまず，自分の扱おうとしているデータがどの種類のものなのかを知っておかなければなりません。そこで第 2 章に入る前に，データの種類について理解しておきましょう。

　データには**量的データ**（量的変数）と**質的データ**（質的変数）があります（図 1.2）。量的データとは，100 円は 50 円の 2 倍など，基本的に四則演算（＋＝×÷）ができる**値**（value）をもつ**変数**（variable）のことで，それに対して質的データとは，1: 紅組，2:白組など，数値になっているとしてもそれはただコーディングしているだけで，四則演算ができないカテゴリーの変数のことです。

　量的データは，分割可能な**連続変数**と分割不能な最小単位の存在する**離散変数**に分けられます。言い換えれば，小数点があり得るものが連続変数，小数点があり得ないものが離散変数です。人間の 1 人，2 人は，現実に 1.5 人があり得ないので離散変数，人の体重は58.2kg など小数点があり得るので連続変数です。なお，この使い方はデータサイエンス分野での用語法で，教科書によっては同じ用語で別の概念を表していたこともあることに注意してください。

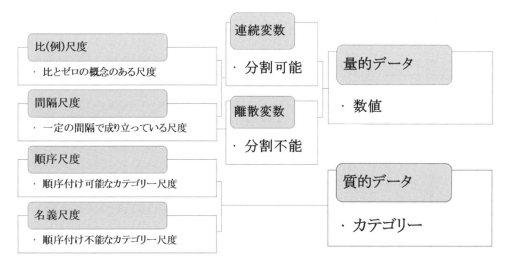

図 1.2　データの種類・測定水準

　古典的なスティーブンスの測定水準で4分類すると，質的データは順序付け不能な名義尺度と，順序付け可能な順序尺度に分けることができます。連続変数は間隔尺度と比（例）尺度に分けられます。

第1章の問題

■ 理解度チェック

1.1　下記の項目をデータサイエンスのプロセスの順に並べなさい。

- (1)　データの整形・加工（データラングリング）
- (2)　結果の共有
- (3)　データ分析（モデル構築）
- (4)　データの収集
- (5)　可視化（探索的データ分析）

1.2　量的データではない変数として最も適切なものを下記から1つ選びなさい。

- (1)　体重（ex. 73kg）
- (2)　好きな野球選手のランキング（ex. 1位, 2位, ⋯）
- (3)　時給（ex. 1200円）
- (4)　クラスの人数（ex. 23人）
- (5)　アイスクリームの値段（ex. 298円）

1.3 質的データではない変数として最も適切なものを下記から 1 つ選びなさい。

(1) 大学の成績（ex. A）

(2) 年代（ex. 60 代）

(3) 中学のクラス（ex. 1 組）

(4) 参加数（ex. 50 以下, 51〜75 人, 76 人〜100 人, 101 人以上 ）

(5) 年齢（ex. 61 歳）

第2章

Excel から入るデータ整備

表計算ソフトの代表格である Excel は，スプレッドシートとよばれる構造化データ形式の表から図表の作成や集計を行うソフトウェアです。構造化データのイメージをもつのに有用であるとともに操作性も高く，広く用いられているので，まず Excel から構造化データに慣れていきましょう。

2.1 構造化データのイメージづくり

構造化データとは，行（row）と列（column）からなるデータのことです。構造化データ以外のすべてのデータは，非構造化データです。非構造化データには，画像，音声，文字，映像など様々なものがあります。以下では，構造化データの一般的な用語について，つぎに，Excel の画面について説明します。

2.1.1 構造化データに関する一般用語

構造化データは，第7章で述べるリレーショナルデータベース（**RDB**）でも用いられます。構造化データとして Excel に**生データ**（raw data）を入力する場合も，RDB のテーブルを扱う場合も，どちらも構造は同じなので，Excel で構造化データのイメージづくりをしていきましょう。

一般に，横に長い**行**は，例えば個々の回答者などの**ケース**（レコード）に対応します。「ケースの選択」という場合には，行を選択することになります。行は**ロウ**（row）ともよばれます。

縦に長い**列**には変数が対応します。列は**カラム**（column）ともよばれます。変数の値は縦に格納されていて，1つの変数の値の型は同じです。

行と列によって特定される**セル**にはセル番地があります。これから数字で示される行とアルファベットで示される列から構成されている Excel のスプレッドシートを用いていき

ますが，これから，「新しいシートを追加」，「A の列に挿入」，「D4 のセルに移動」，「数式
バーに入力」，「リボンから表示を選ぶ」などと Excel 操作を表現していきますので，以下
で Excel の画面におけるこれらの呼び名を理解していきましょう。

2.1.2　Excel の画面と呼び名

　Excel の 1 つのファイルを**ワークブック**といいます。ワークブックは，ページのように
見える**ワークシート**から構成されています。シート見出しをクリックして，他のワーク
シートを選択したり，シート見出しにあるプラス印をクリックして新しいワークシートを
追加したり，シート見出しを右クリックしてワークシートを 削除したり，コピーしたりす
ることができます。シート見出しをドラッグ（マウスの左ボタンを押しながら，マウスを
動かして終了地点でボタンを離すこと）して，ワークシートの位置を移動することができ
ます。

　ワークシート内の行は横長で，1 からのアラビア数字で表されています。列は縦長で，
A からのアルファベットで表されています。その組み合わせで，**セル番地**を示します。例
えば，「C3」は，C 列 3 行目のセルを意味します。リボンは上部にあり，各種のメニュー
が帯状に並んでいます。リボンの下に**数式バー**があります（図 2.1）。セルの中に入力さ
れる内容のことを値とよびます。数式バーは上下の広さを白い上下矢印のカーソルで調整
することができます。

　また，これは Excel に限ったことではありませんが，右下の**ズームスライダー**で表示を
大きくしたり小さくしたりすることができるので，自分の目に優しい大きさに調整して作
業をしてください。

図 2.1　Excel の画面と呼び名

2.2　Excel におけるデータ入力と計算機としての使い方

値の入力方法には，1 つ目にセルもしくは**数式バー**に値を直接入力する方法があります。セルに直接か，数式バーに値を打ち込み，Windows は Enter キー，Mac は Return キーで入力します。この方法では，セルの内容と数式バーの内容が同じになります。

データ入力方法には他に，セル，範囲，行・列，ワークシートをコピーしたり移動したりして入力する方法，オートフィルやフラッシュフィルのようにパターンから入力する方法，関数で入力する方法がありますが，これらはこれから本章で解説するとともに，特設サイトの動画でも紹介しています。

それでは，数式を入力して Excel を計算機として使ってみましょう。計算機としての入力はすべて半角です。加算（＋）はプラス（＋），減算（−）はマイナス（−），乗算（×）はアスタリスク（*），除算（÷）はスラッシュ（/），べき算はキャレット（＾）です。1+2 を計算するのに，単にセルに 1+2 と入力すると，"1+2" という文字列になります。頭に半角の等号＝を入力すると**数式エントリ**となり，＝1+2 と入力して Enter (Windows); Return (Mac) を押すと，セルの値に 3 が返ります。

数式エントリとは，セルの入力を半角イコール記号から始めることで，Excel に「これから入力するのは数式ですよ」と知らせることです。イコール記号なしに「1+2」と半角で入力してもそのまま「1+2」という文字列がセルに入力されるだけですが，「＝1+2」と入力すると数式エントリになるので，セルには 1+2 の計算結果である「3」が表示されるというわけです。このように，計算や関数の結果として返ってくる値のことを**戻り値**といいます。セルでは戻り値を，数式バーでは数式を見ることができます。

計算で使用する数値は直接入力することもできますし，**参照セル**の値を用いることもできます。セルの参照とは，等号の後にセルをクリックすることでそのセルの値を用いることです。

数字を入力したり，文字を入力したりすると，データが自動的に右寄り（数値の場合）になったり，左寄り（文字列の場合）になったりします。また，「2023/4/15」と入力して Enter を押すと，リボンの「ホーム」にある「数値」が「標準」から「日付」に変わります。このように，**セル書式の表現形式**にはいくつかあって，「標準」においては入力情報によって Excel が自動的に文字列か，数値か，日付かを判断します。Excel では文字列はデフォルトで左寄せ，数値はデフォルトで右寄せになるので，見分けることができます。セル内の値の位置は調整可能です。

2.3　値の型と表現形式

　Excel であっても，他のツールであっても，データにはデータ型や表現形式があります。Excel スプレッドシートにデータとして入力される値には型と表現形式があり，Excel には数値の型と文字列の型があります。数値には各種の表現形式があります。

　入力値をデータとして活用するには，数値は数値，文字列は文字列で入力されていることが大切です。同じ値でも文字列として入力してしまうと，計算をすることができません。DX のためにはデータを機械判読可能なデータにすることが大切ですが，そのためにはデータ型を適切な型にしておくことはとても重要です。

　総務省の策定した統計表における機械判読可能なデータの表記方法（総務省 2020）[1] では，「数値データは数値属性とし，文字列を含まないこと」という項目があります。例えば，Excel のセルに単に「100 円」，もしくは，「¥ 100」などと，数字とともに数値以外を入力してしまうと文字列扱いとなり，計算ができなくなってしまいます。そこで「数値データは数値属性とし，文字列を含まないこと」が大切なのです。

2.3.1　数値の表現形式

　Excel の数値に各種の表現形式があることを簡単に実感できるのが日付です。日付はシリアル値として記録されます。Excel の日付に用いられているシリアル値は，1900 年から始まる日数シリアル値ですが，その他にも 1970 年から始まる UNIX の秒数シリアル値などがあることも知っておきましょう。シリアル値で記録された日付は，多様なスタイルで表示することができます。文字や数値で入力されている日付をデータとして使うには，シリアル値に変換することで日付としての加工作業が容易になります。日付の加工作業については 2.4.6 で述べます。

　Excel の数値の表現形式には，日付の他にも通貨，パーセントなどがあります。これらは 図 2.2 のように，リボンのホームタブの「数値」グループから選択できます。図 2.2 で「標準」となっているところから詳細な設定ができます。日付は数値ですが，表現形式としては年月日を用いて表現することができます。同様に，通貨表示形式を使えば，書式は数値のままで，¥などの通貨単位の付く表現形式にすることができます。また，数値を入力したセルをクリックして選択し，リボンの ← 0（小数点以下の表示桁数を増やす）や

図 2.2　Excel「ホーム」リボンの「数値」グループ

→ 0（小数点以下の表示桁数を減らす）のアイコンをクリックすると，小数点以下桁数が変わっていくことも確認してください。カンマアイコンをクリックすれば，桁区切りスタイルで表示することもできます。

2.3.2　ユーザー定義の表現形式

　数値の表現形式の詳細な設定ができるダイアログボックスにワンクリックで飛ぶには，「ホーム」タブの「数値」グループのボックスの右下角にある右斜め下向き矢印がダイアログボックス起動ツールになっているので，そこをクリックしてください。すると，「セルの書式設定」というダイアログボックスが立ち上がり，数値の表示形式の設定・変更をすることができます。同じ「セルの書式設定」ダイアログボックスは，(1) リボン「標準」右側の下矢印から最下部の「その他の表示形式」をクリックしても，(2) リボン「書式」の「セルの書式設定」からでも，(3) 当該セルの右クリックからでも開くことができます。

　数値の表現形式の中で，ユーザーがさらに詳しくカスタマイズできる**ユーザー定義の表現形式**があります。それを使って，型は数値のまま任意の文字を加えることができます。例えば，「個」という単位を加える場合，上の方法で「セルの書式設定」ダイアログボックスに入り，数値の「表示形式」タブの分類の中から「ユーザー定義」を選んで，右側の「種類」という見出し直下のテキストボックス内に，「0"個"」と入力します。そのように設定したセルに，例えば数値の 1 を入力すると自動的に「1 個」と数値のまま自動的に「個」が付された形式で表現されます。

　「0"個"」と入力したテキストボックスの下には数値のユーザー定義のいくつかの選択肢が表示されます。はじめて見る人にはわかりにくい記号の羅列に見えるかもしれませんが，以下の 6 つのヒントを念頭において見ると，意味が掴めてくるのではないでしょうか。

(1)　0.00: 小数点の表示桁数
(2)　#,##0: 3 桁区切りスタイル表示
(3)　セミコロン (;): 正の値; 負の値; ゼロ; 文字列
(4)　負の値の表示形式: マイナス (-)，赤字，丸括弧 ( ) 内数値
(5)　ゼロの表示形式: 0 表示，ダッシュ (-) 表示
(6)　アンダースコア (_) やアスタリスク (*): セル内の値の位置の調整

　任意のセルでユーザー定義の 1 つの選択肢を選んで書式設定し，そのセルに正の値や負の値，0 や文字列を入力して表示されたセルの値の表示形式と，上記の 6 つのヒントを見比べれば，より実感がわくと思います。

2.4 Excel におけるデータ操作

本節では，Excel における様々なデータ入力法や操作法を紹介します。特設サイトの「列の挿入，フィルハンドルを使ったオートフィル」，「範囲の選択とコピー，移動」，「検索と置換」，「フラッシュフィル，SUM，SUMIF，SORT」．「名前の定義」という動画に含まれる項目順に説明しますので，必要に応じて動画を参照するとより理解が深まるでしょう。

2.4.1 列の挿入，フィルハンドルを使ったオートフィル

それでは，データの入ったワークシートをコピーして列を挿入し，ショートカットキーを使ったり，フィルハンドルを使ったりしてデータを入力して，ファイルを保存して終了するまでを解説します。エラーインジケータやショートカットキーについても説明します。

ワークシートのコピーと移動には，ワークシートの見出しタブを右クリックして，「コピーまたは移動」を選択します。コピーの場合には，「コピーを作成する」チェックボックスをクリックしてチェックを入れます。別のワークブックにコピー・移動をするには，「移動先ブック名」の下の欄の下矢印をクリックするとその時点で開かれている Excel ワークブックの一覧が表示されるので，その中から選びます。「挿入先」の下の欄で，ワークシートの挿入位置を選ぶことができます。そして「OK」ボタンをクリックすればコピーまたは移動の完了です。

たまにセルの左上コーナーが緑色の角になっていることがあります。そのセルを選択すると，感嘆符（!）の入った黄色い三角形の道路標識のようなマークが出現します。これを**エラーインジケータ**といって，Excel がエラーの可能性を示しているものです。例えば，文字列型で数字が入力されているために合計が出ないといった場合に，エラーインジケータに**ホバー**（hover）する（カーソルをあてる，カーソルを合わせる）と，エラー修正のための候補リストが出てきます。その中の「数値に変換する」を選ぶとエラーが修正されて，合計が出てきます。

列の挿入についてです。A 列に空っぽの新しい列を挿入して，それまでの A 列以降を順次 B 列以降に移動したいとしましょう。A 列の「A」という列名を右クリックして「挿入」を選び，列を挿入します。A 列を選択した後，リボンの「ホーム」タブにある「セル」グループの「挿入」をクリックしても挿入できます。

列名は，セルの中の真ん中に配置したり，太字にしたりすることも多いと思います。**センタリング**にするには，リボンの「ホーム」タブにある「配置」グループからセンタリングのアイコンを選びます。

太字は，リボンの「ホーム」タブにある「フォント」グループから太字アイコン B を選

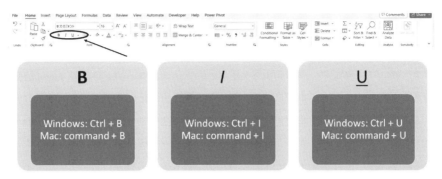

図 2.3 強調文字のショートカットキー

びます。このように，クリックして選択していく操作の他に，**ショートカットキー**による操作があります。ショートカットキーとは，キーボードで 2 つ以上のキーを押して操作を行うことです。例えば，太字の場合には，Ctrl + B (Windows); command + B (Mac) を同時に押します（図 2.3）。

先に紹介した「セルの書式設定」も，セルの上で Ctrl + 1 (Windows); command + 1 (Mac) を押すショートカットキーで，書式設定ダイアログボックスに入ることができます。

他によく使うショートカットキーは，誤った操作をしてしまって前の状態に戻りたい場合の，Ctrl+Z（Windows）；command+Z（Mac）という**アンドゥ**（Undo）です。このように，キーボードを使って PC の操作を簡単に行うことのできるショートカットキーを使うと便利です。

セルをクリックして選択すると，セルを囲む枠の右下に小さな四角形■が現れます。これが**フィルハンドル**です。フィルハンドルをカーソルで選ぶと＋が現れるので，このフィルハンドルをドラッグして下までコピーしてもよいですが，多くの場合にはすでに隣の列にデータが入力されているので，その場合には，フィルハンドルをダブルクリックすれば下まで入力されます。これを**オートフィル**といいます。

Excel では，フィルハンドルを使ってオートフィルで連番を振ることもできます。連番を振るには 2 つの方法があります。

フィルハンドルをダブルクリックして下まで同じ値が入力された場合，選択範囲の最下部右下に現れるオートフィルオプションから「連続データ」を選びます。ちなみに，データ範囲の最下部に飛ぶにはショートカットキーの Ctrl+ ↓（Windows）；command+ ▼（Mac）で最下部に移動できます。

もう 1 つの方法では，（縦に）1，2 と入力して，その 2 つのセルを選択してフィルハンドルをダブルクリックすると，最初から連番がオートフィルされます。

　ファイルに名前を付けて**保存**するには，リボン「ファイル」タブの「名前を付けて保存」
で「参照」から保存したい場所を選び，ファイル名を入力して，「保存」ボタンで保存し
ましょう。

　ファイルを上書き保存するには，リボンの「ファイル」タブの「上書き保存」です。
Excel 左上部のフロッピー印アイコンをクリックすればワンクリックで上書き保存でき
ます。

　Excel を終了するには，右上のバツ印をクリック（Windows）するか，左上の赤い丸を
クリック（Mac）して終了してください。

2.4.2　セル範囲の選択とコピー，移動

　セル範囲の選択とコピー，移動についてです。必要に応じて特設サイトの「範囲の選択
とコピー，移動」という実習動画を参照してください。シフトキー (Shift) を使ったセル
範囲の選択，列の幅の調整，形式を選択して貼り付けについてふれていきます。

　セル範囲の選択を選択するには，始点のセルをクリック後，Shift を押しながら終点の
セルをクリックします。

　これも Excel に限らないショートカットキーですが，コピー，切り取り（カット），
貼り付け（ペースト）のショートカットキーは多用されます。Ctrl+C（Windows）；
command+C（Mac）でセル範囲をコピー，あるいはこのときに Ctrl+X（Windows）；
command+X（Mac）にすれば切り取りで，Ctrl+V（Windows）；command+V（Mac）
で貼り付けができます。どの操作も，右クリックから選ぶこともできます。また，選択し
たセルや範囲をドラッグして移動することもできます。

　形式を選択して貼り付けるには，貼り付け時に貼り付け先のセルを右クリックして，「形
式を選択して貼り付け」から該当のものを選びます。値だけを貼り付ける形式，行と列を
入れ替える形式などがあり，とても便利です。

　列の幅の調整には，列の位置を表すアルファベットの右側にある境界線を動かして調
整します。同様に，**行の高さの調整**には，行の位置を表すアラビア数字の下側にある境界
線を動かして調整します。複数列（行）を同じ幅（高さ）に調整したいときには，複数列
（行）を選択して，先頭の列（行）の幅（高さ）を動かすと，選択範囲がすべて同じ幅（高
さ）になります。列幅や行の高さは，セルの書式設定から設定することもできます。

2.4.3　検索と置換

　検索と置換についてです。特設サイトの「検索と置換」という実習に含まれる，データ
入力範囲の端までを選択するショートカットキー，セル内における改行やセルを空欄にす
る方法も紹介します。

　検索と置換は，ショートカットキーの Ctrl+F（Windows）；control+F（Mac）で検索のウィンドウが開き，そこで置換のタブを選ぶことができますし，Ctrl+H（Windows）；control+H（Mac）で直接，置換のウィンドウに飛ぶこともできます。リボンの「ホーム」タブの「編集」グループにも「検索と選択」があるので，そこから検索または置換ウィンドウを開くこともできます。

　表の中でセル範囲を表の端まで選択するのに，コントロールシフトを使うと便利です。例えば，下端までの場合，Shift+Ctrl+↓（Windows）；Shift+command+▼（Mac）で選択できます。カーソルをドラッグして選択するよりも速く操作できます。

　セル内改行は，Alt+Enter（Windows）；option+Return（Mac）です。セルの値を消去して空欄にするには，セル範囲を選んで，Del やバックスペースで選ばれた範囲を空欄にします。

2.4.4　相対参照，絶対参照，複合参照

　相対参照，絶対参照，複合参照についてです。特設サイトでは引き続き「検索と置換」という動画に含まれているので，必要に応じて参照してください。ディバイド・パー・ゼロというエラーについてもふれています。

　数式エントリの中でセルをクリックすると参照セルになります。関数の中でよく用いられるため，**相対参照**，**絶対参照**，**複合参照**をよく理解しておきましょう。

　数式をコピーしたときに，参照するセルが相対的に移動していくのが相対参照です。デフォルトでは相対参照になっていて，数式をコピーしたときに，コピー元とコピー先の位置の違いにより，参照セルの位置も自動的に変わります。例えば，=D7/B7 と入力して下にフィルハンドルでコピーすると，自動的に 1 つ下のセルが=D8/B8 となるのは，相対参照だからです。同様に，=D7/B7 を 1 つ右にコピーすれば=E7/C7 となります。

　数式を相対参照のままコピーしたときによく起きるエラーが，**#DIV/0!**（ディバイド・パー・ゼロ）です。#DIV/0!は，空欄で割ってしまったというエラーです。よくあるのは，デフォルトの相対参照のままコピーしたときに参照セルが自動的に移動して，分母になるセルが空欄になってしまった場合などです。

　特定のセルを固定して参照したいときには半角ドルマークを付けます。例えば，「C25」を分母として固定したい場合，C25 とドルマークを付ければ絶対参照になります。

　列だけを固定したければ$C25，行だけを固定したければ C$25 という複合参照になります。F4（Windows）；command+T（Mac）がショートカットキーになっていて，ショートカットキーを押すたびに，絶対参照→複合参照（行）→複合参照（列）→相対参照と切り替えることができます。

2.4.5 罫線とセルの結合

引き続き，特設サイトの「検索と置換」という動画に含まれている，Excel を様式として使用するときに使う機能についてふれておきます。

様式（用紙，フォーム）として用いる Excel は，データ活用に用いる Excel とは異なりますが，様式として作成された Excel からデータを読み込まざるを得ないこともあります。基本的にデータ活用のための Excel とは無縁の機能であっても，現実的にデータとして読み込むときに問題を生じさせるセル結合などについて，知っていると役立つこともあります。ここでは，セルまわりの罫線，セルの結合，そして書式の貼り付けについてふれておきます。

罫線は，リボンの「ホーム」タブの「フォント」グループの罫線から設定します。また，すでに紹介した Ctrl ＋ 1 (Windows); command ＋ 1 (Mac) のショートカットキーで開く，書式設定ダイアログボックスの罫線タブからも設定することができます。

セルの結合を用いるのは様式として使う場合に見やすくするためで，機械判読可能なデータとしてはセルの結合は望ましくありませんが，何らかの理由でセルを結合する必要があるときには結合したいセル範囲を選択し，リボンのホームタブ，配置グループからセル結合を選択します。

書式を統一するには，リボンのホームタブ，クリップボードグループに書式の貼り付けボタンであるブラシ（ハケ）アイコンがあるので，それを使って書式を貼り付けることができます。

2.4.6 関　　数

つぎに，関数（function）についてです。特設サイトでは「関数（NOW, TEXT, IF）」という動画に含まれている部分です。関数の中でも，ここでは日付関数と IF 関数について解説します。まず関数とはどんなもので，どのような形式をとるでしょうか？

Excel でも Python でも SQL でも，関数は基本的に丸括弧の前に位置していて，丸括弧内の情報を使って指示する処理をしてくださいという指令となるものです。丸括弧の中に与えられた情報を引数（ひきすう，argument）といいます。つまり関数とは，引数を受け取って一定の処理を行い，結果を返す機能のことです。返された結果が戻り値です。引数が複数あるときは，半角カンマで区切ります。引数が文字列である場合は，引用符で囲みます。関数（引数）という構造で，文法でいうと，「動詞（目的語，オプション 1，オプション 2）」のような感じです。関数によって，「こうしてください（何を，何に，どのように）」といった具合に，指令を与えるのです。

Excel の関数で引数を指定するときには，ツールヒントで必要な引数を指示してくれる

ので便利です．ツールヒントで，引数が角括弧 [ ] に入っているときはオプショナル，省略可能という意味です．

　引数が文字列や空欄，スペースのときには，"引用符"で囲むのを忘れないでください．ただし，Excel の関数で引数を指定するのに，**ダイアログボックス**を用いることもできて，ダイアログボックスでは文字列の前後に引用符を入れなくても自動で引用符が入るので便利です．

　それでは，まず引数が不要な NOW 関数から見てみましょう．

　NOW はそのときの日時を表示する関数で，

　　　=NOW()

と入力すれば，ファイルを開いたときなどにその時点の日時に更新されて表示されます．NOW 関数は引数の不要なタイプの関数なのですが，関数なので丸括弧が付いています．表示形式から，「長い日付形式」や「時刻」を選んで任意の形式で日時を表示することができます．

　Excel の日付に関する関数には他に，日時ではなく現在の日付を返す **TODAY**，特定の日付を表す連続したシリアル値を返す **DATE** があります．これらは値の型としては数値なので，加減算ができます．例えば，

　　　=TODAY()+3

で 3 日後の日付を表示することができます．

　　　=DATEVALUE("2030/1/1")-TODAY()

と入力して「標準」または「数値」の表示形式にすると，2030 年 1 月 1 日が何日後なのかを確認することができます．日付関数はシリアル値なのでオートフィルもできます．

　日付関数から，**TEXT** の=TEXT(参照セル, "表示形式") で文字列を取り出すことができます．例えば，曜日を取り出す場合を考えてみましょう．

　　　=TEXT(参照セル, "ddd")

で参照セルの日付から曜日部分を Mon などの 3 文字の文字列として取り出します．"表示形式"のところを"DDDD"にすると Monday などの曜日名がフルで表示されます．参照セルが 2030 年 1 月 1 日（火）の場合，取り出されるテキストはつぎの通りです．

"d"	1	(1 日の 1 に 0 がつかない形式)
"dd"	01	(1 日の 1 に 0 がつく形式)
"ddd"	Tue	(曜日の 3 文字形式)
"dddd"	Tuesday	(曜日)
"aaa"	火	(日本語曜日の 1 文字形式)
"aaaa"	火曜日	(日本語曜日)
"m"	1	(1 月の 1 に 0 がつかない形式)
"mm"	01	(1 月の 1 に 0 がつく形式)
"mmm"	Jan	(3 文字の月名)
"mmmm"	January	(月名)
"mmmmm"	J	(月名の最初の 1 文字)
"yy"	30	(年の下 2 桁)
"yyyy"	2030	(年)

なお，文字列として取り出さずに数値表現の日付のまま表記を変えるだけであれば，上述のように日付の入っているセルのユーザー定義から選べばよいわけです．文字列として取り出す必要がある場合に上記の関数を使います．

　IF 関数についてです．IF の引数には，（これにあてはまれば，これを表示，それ以外はこれ）と，3 つの引数を入れます．

　例えば，日付から取り出した曜日テキストが土曜であれば "ビン・缶" を表示，そうでなければ "なし" を表示させるには，つぎのようになります．

$$=IF(参照セル="Sat","ビン・缶","なし")$$

　IF 関数は入れ子にしていくことができます．1 つ目の IF（あてはまれば，これを表示，それ以外の場合，2 つ目の IF（あてはまれば，これを表示，それ以外はこれ）），… と 3 つ目，4 つ目，… と IF 式を入れ子にして条件を重ねていくことができます．下記は，参照セルが C6 で上記の IF 式を入れ子にして 2 つの条件にした例です．

$$=IF(C6="Sat","ビン・缶",IF(C6="Mon","可燃ごみ","なし"))$$

2.4.7 リドゥとリピート

特設サイトでは引き続き「関数（NOW, TEXT, IF）」という動画に含まれている便利な操作として，リドゥとリピートを紹介します。

アンドゥで戻しすぎたときにはやり直すリドゥボタンで，アンドゥ操作を戻すことができます。ショートカットキーのリドゥ Ctrl+Y（Windows）；command+Y（Mac）が便利です。画面の左上の**クイックアクセスツールバー**の，フロッピーディスクマークの保存ボタンの右側にアンドゥボタンとリドゥボタンがあります。**リピートボタン**が表示されている場合もあり，同じ動作を繰り返します。リピートは，F4 キー（Windows）でも実行できます。

画面左上に表示されるクイックアクセスツールバーはカスタマイズすることが可能です。クイックアクセスツールバーの一番右側に下向きのマークがあるのでそれをクリックし，表示される候補リストにチェックを入れて追加します。そこに表示されていないものも「その他のコマンド」からダイアログボックスを立ち上げて，ダイアログボックスの左ボックスの全候補リストから追加したいものを選んで右ボックスに追加すれば，クイックアクセスツールバーに表示されるようになります。

2.4.8 フラッシュフィル，SUM, SUMIF, 並べ替え

ここでは，フラッシュフィル，そして SUM 関数と SUMIF 関数，そして並べ替えについて説明します。特設サイトの「フラッシュフィル，SUM, SUMIF, SORT」という動画では，First Name と Family Name を組み合わせて，Name in English を作り，支店ごとの合計金額を算出し，全支店の合計金額を算出してから，支払金額を大きい順に並び変えるという操作をしているので参考にしてください。

フラッシュフィルは，Excel がパターンを検知してデータを自動的に入力する機能です。例えば，フラッシュフィルを使用すると，2 つの列から姓と名を結合したりすることができます。

例えば，First Name という列に Chikako，同じ行の Family Name という列に Takeishi とすでに入力されていたとします。そこで，Name in English という列の同じ行のセルに Chikako Takeishi と，組み合わせて入力して欲しい結果の例を入力します。そして，リボンの「データ」タブの「データツール」グループ中の稲妻マークの入ったフラッシュフィルアイコンをクリックすると，Excel がパターンを読み取って残りのセルを自動入力してくれます。

Excel における関数は，数式エントリから関数を手入力する方法の他に，リボンの「数式」タブの関数ライブラリから選んだり，または「ホーム」タブの「編集」グループにある $\sum$ マークの右からリストを出したりして選ぶこともできます。

$\sum$ マークは自動的に合計を算出する**オート SUM** アイコンです。ホームタブの $\sum$ アイコン自体を押すと，Excel が予測した範囲候補が動く点線で囲まれて，=SUM(範囲) の関数が自動的に入力されます。範囲が正しければそのまま Enter または Return で確定します。範囲が違う場合には，点線枠のフィルハンドルを動かして正しい範囲にするか，引数の位置に範囲を入力します。

SUMIF はその名の通り，「SUM（合計）してください，IF（もし～～なら）」という指令です。引数は通常 3 つで，（もしこの範囲に，こういうセルがあったら，そのセルと同じ行のこの列の値を合計してください）と指定するものです。例えば，福岡支店の金額を合計したいとします。具体的には City 列が FKO（福岡支店の支店番号）である行の Amount を合計してください，という指令を出します。その場合，

　　　　=SUMIF(引数 1，引数 2，引数 3)

の引数をつぎのように指定します。

　　　　=SUMIF(City 列中の範囲，"FKO"，Amount 列中の範囲)

　これで，City 列内の指定された範囲にあるセルが，「FKO」という文字列だったら，そのセルと同じ行の Amount の列の値が合計されます。

　引数 1 は，「ここから:ここまで」と，範囲の最初のセルと最後のセルを半角コロン（:）でつなげて，範囲を指定できます。関数の位置によって指定範囲の行がずれないように，半角ドルマーク（$）で複合参照にしておくなど工夫しましょう。

　引数 2 は，文字列なので，"FKO" と半角引用符で囲みます。

　引数 3 は，合計すべき金額の範囲を指定します。半角コロン（:）でつなげて指定してもよいですし，例えば，F 列全体を選ぶと Excel では F:F と示されます。ただし，Excel のこういった引数では引数間の範囲の設定方法が同じでないとエラーが発生するため，第 3 引数を列にした場合は，第 1 引数も列全体を指定することが必要です。

　SUMIF 関数の戻り値は金額なので，金額の場合には 3 桁区切りのカンマが入った表示形式にするとよいでしょう。

　値を並び替えたいときには **SORT** 関数を使うか，リボンの「データ」から「並び替え」を選択します。支払金額の大きい順に並び変えたい場合には，並び替えたい列をすべて選び，リボンのデータから並び替えをクリックして，「最優先されるキー」に Amount，順序を「大きい順」にします。生データの表の場合，通常はすべての列を並べ替えたいので，1 列だけ選んで並び替えをしようとすると，Excel は本当にそれでよいかと確かめてくれます。

2.4.9 名前の定義

ここでは，データ加工をより便利にするために，セル範囲に名前を付ける**名前の定義**を学びます。名前を付けるとどう便利になるのでしょうか？

名前を定義すると 2 つの点で便利になります。1 つは，数式の意味がわかりやすくなることです。もう 1 つは，他のシートからでもセルが参照しやすくなることです。セルに名前を付ける方法を 3 通り紹介します。

第 1 の方法は，左上の名前ボックスに直接入力して名前を定義する方法です。

第 2 の方法は，名前を付けたい範囲を選んで，リボン「数式」の，定義された名前，名前の定義をクリックします。この方法の利点は，「新しい名前」ウィンドウの「範囲」で，その名前を参照できる範囲を定義することができるところです。デフォルトはブック，つまりそのファイル内のどのシートからも同じ名前で参照できる状態です。

第 3 の方法は，テーブルで複数列を選択します。そして，リボンの「数式」，定義された名前，選択範囲から作成，「以下に含まれる値から名前を作成」で上端行にチェックを入れて OK にすると，各列の最初の行が，その列の名前になり，左上の名前ボックスに新しい名前一覧が入ります。

ちなみに，テーブルはテーブルを作ったとたんにテーブル自体に名前が付くので，テーブル中の変数名を関数の引数として入れたい場合は，テーブル名と列名の組み合わせで表示する**構造化参照**を使いましょう。例えば，次式でテーブルの列名である「支店」を認識しないとします。

=COUNTIF(支店,"札幌")

その場合には，下記の関数の引数 1 である「ココ」にカーソルをおきます。

=COUNTIF(ココ,"札幌")

そして，テーブルワークシートの支店列にカーソルを合わせ，テーブルの列を選ぶときに出現する黒い下矢印が出たらクリック，つぎのような構造化参照が上の関数の引数として入ったら成功です。

=COUNTIF(テーブル 4[支店],"札幌")

なお，名前の定義の名前にはスペースは使えず，数字から始めることもできません。

名前を編集したり，削除したりするには，名前の管理（Win）; ネームマネージャー（Mac）をクリックして編集・削除します。名前を削除するとその名前を使った数式は計算できなくなるので，名前を削除するときには十分に気を付けるようにしましょう。

2.4.10　入力規則プルダウン

つぎに，データの入力規則からプルダウンリストを挿入する方法についてです。

プルダウンにしたいセルを選んで，リボンの「データ」の「データツール」グループからデータの入力規則をクリックして，データの入力規則ダイアログボックスを出現させます。その「設定」タブで「入力値の種類」を「リスト」にし，「元の値」にリストに入れたいデータをカンマ区切りで入力します。ここで定義した名前を用いることもでき，特設サイトの「入力規則プルダウン」では，名前を用いているので参考にしてください。

そして，プルダウンリストを SUMIF 関数の引数 2 に使うと，インタラクティブな操作性が生まれます。

$$=SUMIF(引数 1, 引数 2, [引数 3])$$

SUMIF 関数は，引数 1 の範囲が，引数 2 の検索条件にあてはまれば，[引数 3 である合計範囲の] 値を合計せよ，という関数でした。引数 1 を定義した名前の範囲（例えば支店名），引数 2 をプルダウンにして，引数 3 を合計したい列（例えば金額）にすれば，インタラクティブに合計金額が変わるようになります。特設サイトの動画が参考になるので，興味のある方は参照してください。

2.5　データクレンジングとデータラングリング

さて，ここからはすでに入力されたデータがある状態からの話です。データは自分で入力することもありますが，通常はネットからダウンロードをしたり，スキャンなどから自動的に入力されたデータがローカルストレージやクラウドストレージなどの格納場所に保存されていたり，フィードされたりするデータを使用する方がはるかに多いはずです。データを取得した状態から分析に適したデータになるまでデータを加工していくその全体をデータラングリングといいます。そのうち分析に堪える状態にまできれいにする部分をデータクレンジングといいます。

データラングリングがなされていない生データは，いわゆる「汚い」（乱雑な）データであることが多いので，データクレンジングをしてきれいなデータ（tidy data）にします。

クレンジング後には，利用目的に応じて変数を加工します。例えば，「タイタニック号に同乗していた兄弟・配偶者の数」と「タイタニック号に同乗していた親・子どもの数」を足し合わせて，「タイタニック号に同乗していた家族の数」という新しい変数を作成したりします。本節では，こういった Excel によるデータクレンジングと変数の加工について説明をしていきます。

ここでは，データラングリングに特に役立つ知識・スキルや Excel の機能として，IF

関数を用いた複数回答のコーディング，文字コードや文字列操作関数，フィルタといった項目を学んでいきましょう。文字コードの項では文字コードの違いから文字化けが起きる場合の対処法を学びます。文字列操作関数ではデータクレンジングで使える知識を学びます。そして，データクレンジングに使える**フィルタ**の機能や，データの入力規則から誤入力を予防する方法，そして**条件付き書式**でデータから重複する値を探しやすくする方法を学びます。

　Excel によるデータクレンジングの話に入る前に，ビッグデータを扱う場合のデータラングリングプロセスの全体像について把握しておきましょう。

2.5.1　データラングリングのプロセス

　すでにあるデータを加工して自分の利用目的に適切なデータを作成していくことを，**データラングリング**（data wrangling）といいます。データラングリングの成果そのものを公表するプロセスには，**データの収集**（import），**データディスカバリ**または探索（discovery），**データの構造化**（structuring），**データクレンジング**（cleansing, cleaning），**データの強化**（enriching），**データの検証**（verifying），**データの公表**（publishing）の段階があります。データサイエンティストの作業時間の 8 割ほどはデータラングリングに充てられるといわれているので，使いやすく整備したデータを広く利用に供することには大きな益があります。

　データの収集段階では，適切なデータが含まれるデータセットを特定し，複数のデータセットから利用したいデータの取り込み（import）を行い，利用目的に沿ってデータを結合（merge）したりします。

　データディスカバリ段階では，構造や欠損値，データの分布やパターンなどのデータの概要を把握します。値の欠落しているデータを**欠損値**（missing value）といい，欠損値の処理は重要です。表計算ソフトでは，欠損値が 0 として分析に含まれてしまうと，計算結果が誤ってしまいますし，プログラミング言語では欠損値が含まれているデータを関数で処理しようとしてエラーなってしまったりします。欠損値のないデータは**完全データ**（complete data），欠損値の含まれるデータは**不完全データ**（incomplete data）とよばれます。

　構造化段階ではデータを適切な型や形式に変換し，データの可視化，分析やモデリングに活用しやすい構造にします。元のデータを加工して新しい変数を作成することもあります。

　データクレンジング段階では，探索段階で発見したデータの欠損，無効な値，異常値などについて必要な処理を行います。例えば，無効回答を欠損値にする，欠損値の除去，または欠損値の**補定**（imputation，補完，代入とも訳される）をします。

　強化段階というのは，外部のデータセットを用いて加工中のデータをより分析に有効な
データにするプロセスのことです。機械学習を用いる強化段階では，例えば，元データの
テキストデータを自動翻訳の機械学習にかけて別言語にしたものを追加したり，本書でも
扱う感情分析の機械学習から得たポジティブ・ネガティブ値をデータとして追加したりと
いったことがあり得ます。

　データ検証の段階では，データ品質を検証します。データの型（上述の「文字列」など
の型）はあるべき型となっているか，データの形式はあるべき形式となっているか（例え
ば，郵便番号であればハイフンの左に数値 3 つ，右に数値 4 つの形式など）といった，用
途に応じた検証を行います。

　公表段階というのは，オープンデータとして広く公開することから，共用のローカルス
トレージにデータを保存することまで，大なり小なり他のデータ利用者のためにデータを
供することをいいます。

　これら一連のデータラングリングプロセスのうち，データの取り込みと結合，列の操作
についてはデータベースを扱う際の主要な作業となりますので，第 7 章「データベース」
のところで説明します。以下では，データのクレンジングと変数の加工について，Excel
で具体的なイメージをもてるようにしながら，クレンジングとデータ構造化のための変数
加工によく使われる Excel の機能を用いて説明をしていきます。

2.5.2　欠損値の処理

　欠損値は空白セルになっている場合もあれば，欠損値用の数値（999 や 99999 など）が
入力されている場合があります。例えば，999 を無回答・無効回答，777 を非該当と入力
して区別することがあるのは，例えば，「ネコを飼っている場合のみお答えください」と
いう質問には該当しないので無回答だったという「非該当」は，本来回答すべき部分への
無回答とは異なるからです。あまりにも 999 の多い個票は，調査の信頼性を損なうものと
して除去の対象となり得ますが，777 の場合にはその対象にはなりません。もし探索段階
でデータに極端な値が発見されていたならば，判断によって異常値として削除します。他
にクレンジング段階では，利用目的に照らして不要な変数列を削除したりといった行程も
入ります。

　欠損値の多いデータを扱うときには，データ補完アルゴリズムを用いて機械的に欠損
データを穴埋めするということもあります。といいますか，ビッグデータの中にはそうせ
ざるを得ないぐらい欠損値の多いデータがあるというわけです。

2.5.3 複数回答可のコーディング

つぎに，**複数回答**のコーディングについて説明します。複数回答可の質問項目がある調査票に対する回答の生データをダウンロードして Excel で開いたときなどに，1 つのセルに複数回答がすべて入力されてしまっていることがあります。例えば，「あなたが加入したことのある趣味サークルとしてあてはまる選択肢をすべて選んでください」という質問項目に対して，「1. 音楽」，「2. 剣道」，…，「7. バスケ」という複数回答可の選択肢が与えられていたとします。回答者によって，その列には「5」，「1,6」，「2,3,4,7」，空白，など様々な長さ（値の数のこと）のデータが入力されているとします。

こういった入力は，カンマが入っているために数値として認識されない，**csv**（comma-separated values）で読み込んだときに列がずれてしまう，など様々な悪さを引き起こす原因となります。テキストファイルの中で，値と値の間がカンマで区切られているものが csv なので，セル内のカンマはトラブルの原因となります。そこで複数回答は，**バイナリ形式のデータ**（0,1 の二値データのこと）としてコーディングすることによって，データを構造化するのが一般的です。

単一回答であれば質問項目 1 つにつき 1 列のデータになるところ，複数回答の質問は選択肢 1 つにつき 1 列のデータになり，その選択肢が選ばれた場合には 1，選ばれなかった場合には 0 となります。

表 2.1 の B 列のように，複数回答が 1 つのセルに入ってしまっているときに，Excel の**COUNTIF** を用いて新しい選択肢ごとの列を作ってバイナリデータを入力する方法を考えてみましょう。B 列が「音楽」を含む場合に 1 と入力される COUNTIF 関数を入力したいとして，例えば，C2 のセルにこのように入力します。

　　　=COUNTIF($B2, "*音楽*")

COUNTIF は引数 1 の範囲にある，引数 2 の検索条件にあてはまるセルの数を数えてくれます。ここでは，引数 1 で定めるセルに，引数 2 で「そこに音楽という文字列が含ま

表 2.1 複数回答可の回答のコーディング

B	C	D	E	F	G	H
係名	音楽	剣道	卓球	ダンス	テニス	バスケ
ダンス，バスケ	0	0	0	1	0	1
バスケ，剣道	0	1	0	0	0	1
テニス，音楽，卓球	1	0	1	0	1	0

れていれば」とします。文字列を示す "引用符" の中の「音楽」が半角アスタリスクで囲まれて*音楽*となっているのは，セル内容の途中にある「音楽」を検出するためです。"*音楽*" とせず，アスタリスクを付けない "音楽" としてしまうと，「音楽」のみのセルをカウントしてしまいます。*はどんな文字でもという意味です。「音楽……」で始まるセルを見つけたい場合には "音楽*"，「…… 音楽」で終わるセルを見つけたい場合には "*音楽" となります。

数値コーディングではなく，文字を表示させるには，IF 関数と COUNTIF 関数を組み合わせてこのようにします。

=IF(COUNTIF($B17,"*テニス*"), "テニス", "")

B17 の "文字列" の*どの部分*にでも「テニス」が入っていれば（これが IF 関数の引数 1），"文字列" の「テニス」を入力（これが IF 関数の引数 2），そうでなければ ""（空欄）にしなさいという関数です。

2.5.4 文字コード

つぎに，**文字コード**についてです。ここでいう文字コードとは，バイト表現と文字の対応関係の体系のことです。ファイルを読み込んだときに文字化けをしてしまう場合の原因は多くの場合，文字コードの違いです。ここではその対処法について学びます。日本語入力の場合，みなさんが知っておくべき文字コードはおもに UTF-8 と Shift_JIS の 2 つです。

ASCII（American Standard Code for Information Interchange），つまり アスキーコードは 1963 年にアメリカで定められた規格で，文字を 7 ビットの値（0〜127）で表して英語で必要な文字を収録しています。このような 1 バイトで表せる範囲内の文字，つまり英語で使う半角英数字などを使っている限り，文字コードによる問題はほとんど発生しません。

しかし，東アジアなどには 1 バイト（＝一般には 8 ビット）では収まり切れないほど文字の種類が多い言語があり，日本語もその 1 つです。この場合，文字はマルチバイト文字，つまり 2 バイト以上のデータ量で文字を表す体系が必要です。OS でいうと，Mac は **UTF-8**，Windows は **Shift_JIS** が標準です。日本語版 Windows で **ANSI** とは **cp932** のことで，Microsoft 社が Shift_JIS を拡張したものです。Excel では OS が違っても文字コードの標準が同じなので OS による文字化けは発生しませんが，csv ファイルを Windows で読み込んだときに文字化けが発生しがちです。

Excel には驚くほどたくさんの機能があるため，Excel のデータは重くなりがちです。データとして保管するなら軽いテキストだけのファイルの方がよいわけです。テキスト

ファイルの 1 つである csv ファイルをダブルクリックすると Excel が開く場合があり，その場合，それを操作性の高い Excel で編集しても何の問題もありません。ただし，csv をExcel で開けて編集後に保存をするとき，自分が Excel と csv のどちらとして保存したいのか，気を付けながら保存しましょう。

特設サイトでは，Windows で UTF-8 の csv ファイルを開いて文字化けが起きたときの対処法を動画で紹介しています。その 1 つはテキストファイルにして文字コードを指定する基本的な方法です。そこでは csv ファイルをテキストファイルとして開いて，エンコードを ANSI にして保存す方法です。文字化け問題に対処する一般的な方法で，将来どのような OS，どのようなツールを使うことになっても，覚えておいて損のない知識です。

2.5.5 文字列操作関数を使ったクレンジング

ここでは，文字列操作関数を使ってデータクレンジングをしていく方法について解説します。おもな文字列操作関数について説明します。文字列操作関数には，文字列を連結するもの，文字列を抽出するもの，その他データクレンジングに有用とされてきたものがあります。最新機能の登場で出番は少なくなっていますが，Excel 関数を使いこなすよい練習になるので，文字列操作関数について学んでおきましょう。

文字列を連結する関数には，**CONCAT**，アンパサンド文字列結合演算子 (&)，**TEXTJOIN** があります。表 2.2 を見てください。CONCAT 関数は指定したセルやセル範囲（セル:セル）をカンマで区切って引数に入れればそれをつなげます。TEXTJOINは，引数 1 が区切り文字，引数 2 は空のセルを無視するなら TRUE そうでなければFALSE，引数 3 以降を結合という関数で，同じ区切り文字が何度も出てくる場合に便利です。

文字列を抽出するのによく使われるのが，**LEFT**，**RIGHT**，**MID**，**FIND**，**LEN** です。特設サイトの動画のように，組み合わせて活用できるのが関数のよいところです。関数の練習として，表 2.3 の MID 関数を読み解きましょう。

MID 関数で A 列の中の import のあとの単語（Python のライブラリ名）を抽出した

表 2.2 連結のための文字列操作関数

	A	B	C	C （数式表示）
1	ca	ts	cats	=A1&B1
2	ca	ts	cats	=CONCAT(A2, B2)
3	ca	ts	cats	=TEXTJOIN("",TRUE,A3,B3)

表 2.3　抽出のための文字列操作関数

	A	B	B　（数式表示）
1	import pandas as pd	import	=LEFT(A1, 6)
2	import pandas as pd	pd	=RIGHT(A2, 2)
3	import pandas as pd	6	=FIND(" ", A3, 8)-8
4	import pandas as pd	pandas	=MID(A4, 8, FIND(" ", A4, 8)-8)
5	import numpy as np	numpy	=MID(A5, 8, FIND(" ", A5, 8)-8)

4 行目の場合を見てみます．MID 関数は，引数 1 に指定したセルの「引数 2」文字目から，取り出したい文字分の文字を抽出します．しかし，引数 3 の文字数（長さ）がライブラリ名によって異なるので定数では指定することができません．そこで，ライブラリ名の長さを取り出している 3 行目の FIND 関数を引数 3 として入れています．

FIND 関数は，引数 1 の文字が，引数 2 の値の「引数 3」文字目から数えて，何文字目にあるかを探してくれます．表 2.3 の 3 行目の FIND 関数がどうなっているかというと，2 つ目の半角スペースの位置を 1 つ目の半角スペース以降から数え，そこから「●●●●●●● pandas ●」の 8 文字分をマイナスして，ライブラリ名 pandas は 6 文字と算出してくれています．

このように，ライブラリ名の長さを返す FIND 関数を使えば，表 2.3 の 5 行目のように，同じ MID 関数でも先ほどと異なる 5 文字の numpy をライブラリ名として取り出すことができます．

以上の関数の中身が読み解けたら，Excel の関数と引数に関する理解はばっちりですね！

その他データクレンジングに有用な関数として，特設サイトの動画では，**CLEAN**，**TRIM**，**UPPER**，**LOWER**，**PROPER**，**SUBSTITUTE** を紹介しています．

TRIM 関数を使うのはこんな場面です．例えば，個別 ID を**結合キー**として使えるように 2 つのファイルで同じ形式にしたいのに，一方の個別 ID の最後に半角スペースがついてしまっている，などの場面です．スペースが最後に入ってしまっているだけで同じ個別 ID と認識できなくなるため，尾部の空白を削除します．このように，単語間の半角スペースは 1 つ分残しながら，余計なスペースを除去してくれるのが TRIM 関数です．

また，見た目には気づきにくい印刷できない文字が文字列に入っている場合があります．それを除去するのが CLEAN 関数です．

UPPER 関数は英字文字列をすべて大文字にする関数，逆に LOWER 関数はすべて小

文字にする関数，PROPER 関数は英字文字列の単語の先頭（記号で始まる場合は記号の
つぎ）の文字を大文字にする関数です。

SUBSTITUTE 関数は，引数に (文字列の範囲, 元の文字列, 置換後の文字列) を指定すると，引数 1 の範囲の引数 2 の文字列を引数 3 に換える関数です。

2.5.6 フィルタ，データの入力規則，重複する値

つぎに，文字列関数以外でデータクレンジングに便利な方法について，いくつか解説します。特設サイトの「フィルタ，データの入力規則，重複する値」の動画を参考にしてください。

Excel でデータクレンジングに便利なのは**フィルタ**の機能です。例えば，「当人」，「本人」，「当事者」を「当事者」に統一したいときなど，フィルタでその 3 つを選んで，当事者をオートフィルでコピーしてデータをきれいにできます。データクレンジングをするときには，当然のことながらクリーニング前の元データを必ず残しておきましょう。残さずに上書きしてしまうと，ミスをしたときに大変なことになってしまうからです。

フィルタを使った後は，必ずフィルタをクリアにしてすべてのデータを表示させることが重要ですが，操作を重ねているうちに，どの列にフィルタをかけたか忘れてしまうことがあります。そういうときには，フィルタのクリアボタンでワークシート全体のフィルタを一気にクリアすることができます。

Excel にはデータの入力規則の中に誤入力を予防する機能もあります。例えば，年齢に小数点が入ったり，18 歳未満，150 歳より大きい数値が入力されたらエラーメッセージが出るように設定できます。年齢の列を選んで，リボンの「データ」，「データツール」のデータの入力規則アイコンをクリックして設定します。

Excel には**重複の削除**という機能もあります。ただし，重複をいきなり削除してしまうのは怖いので，重複データを発見するためのお勧めは，条件付き書式で重複を確認することです。

第 2 章の問題

■ 理解度チェック

2.1 構造化データとしての Excel の生データについて，最も適切でないものを下記から
     1 つ選びなさい。

(1) ケースの選択では行を選択する。
(2) 金額を，円を付けた数値形式にする。
(3) 複数選択はカンマで区切って 1 セルに入力する。

(4)　　列は変数に対応している。

(5)　　セルに文字列の値を入れる。

2.2　たまにセルの左上コーナーに表示される小さな緑の三角形マークから表示されるものは何か。

2.3　失敗した操作の前の状態に戻ろうとしたところ，アンドゥのショートカットキー Ctrl＋Z（Win）；command＋Z（Mac）で戻しすぎてしまった。戻し過ぎを戻すショートカットキーは何か。

2.4　#DIV/0!というエラーが出たら何に気を付けるべきか，最も適切なものを下記から 1 つ選びなさい。

(1)　　文字列で計算をしようとしていないか確かめる。

(2)　　数式の中の分数の分母が空欄になっていないか確かめる。

(3)　　セルの幅が十分かどうか確かめる。

(4)　　関数のスペルが間違っていないか確かめる。

(5)　　表示形式が日付になっていないか確かめる。

2.5　Windows で csv ファイルを読み込んで文字化けをしてしまったときの対応の 1 つの手順①〜⑤において，　　　A　　　に入る言葉を答えなさい。

①　　csv ファイルを右クリックして「プログラムから開く」。

②　　「メモ帳」から csv ファイルを開く。

③　　リボン「ファイル」から「名前を付けて保存」を開く。

④　　下部の「エンコード」から　　A　　を選ぶ。

⑤　　ファイルを上書き保存する。

■ 発展問題

2.6　総務省による「統計表における機械判読可能なデータの表記方法」について調べ，機械判読可能なデータの表記方法として最も適切でないものを下記から 1 つ選びなさい。

(1)　　1 セル 1 データとする。

(2)　　数値は数値型とする。

(3)　　セル結合にしない。

(4)　　数式は値にしておく。

(5)　　オブジェクトの〇印で選択をさせる。

2.7　数値を入力すると数値型で円がつく表現形式になるように，Excel のセルを定義する方法を答えなさい。

2.8　B2:B21 に支店別の売上金額が入っていて，B22 に全支店の合計売上金額が入力されているデータがある。いま，C2 に=B2/B22 と入力したが，この C2 セルのフィルハンドルをダブルクリックして下までオートフィルをしたときに，C 列に全支店の合計売上金額に占める各支店の割合が表示されるようにするには，C2 をどのような複合参照にすればよいか答えなさい。

2.9　F 列のうち，B 列が FKO の行の値のみ合計する Excel 関数として適切なものを下記から 1 つ選びなさい。

(1)　=SUMIF(B:B, F:F, "FKO")

(2)　=SUMIF("FKO", F:F, B:B)

(3)　=SUMIF(F:F, "FKO", B:B)

(4)　=SUMIF("FKO", B:B, F:F)

(5)　=SUMIF(B:B, "FKO", F:F)

2.10　生データのある列の，データの最後の余分なスペースを取り除きたい。文字列操作関数以外の Excel の他の機能を利用して，簡単にスペースを除去する方法を答えなさい。

第 3 章

Excel による探索的データ分析

　探索的データ分析がデータ入力に続くプロセスです。データが入力された生データの状態では，いくら眺めてもデータにどのような傾向があるのかを認識することは困難です。特に，データ量が多い場合には全体を目視することは不可能なので，データを知るためには探索的データ分析が必須です。探索的データ分析でデータの性質を知り，データの分布を要約します。要約には，集計，記述統計，可視化があります。本章では，Excel による記述統計と集計，そして可視化について見ていきましょう。

3.1　Excel による集計

　変数の値の分布などをそのまま要約する統計（第 10 章の**推測統計を用いない統計**）のことを**記述統計**といいます。ここでは，1 つの変数の値の分布を要約する方法を学びましょう。変数の要約の仕方は，データ（変数）の種類によって異なります。

　質的データの場合は，度数（同じ値の出現頻度）を表にした**度数分布表**やそこに百分率を加えた**百分率度数分布表**で集計します。変数が量的データの場合は，データを階級に区切って度数分布表や百分率度数分布表にします。測定水準が順序尺度以上であれば，**基本統計量**（**要約統計量**）で要約できます。量的データの基本統計量には平均値や標準偏差，順序付け可能な質的データの基本統計量には中央値，四分位数，両者共通で最小値，最大値などがあります。

　以下では，Excel の集計の仕方を 3 種類紹介します。関数を使って集計する方法，テーブル機能を使う方法，そしてピボットテーブルによる集計です。

3.1.1　Excel 関数を使った集計

　Excel の関数を使った集計として，すでに SUMIF を学びました。ここでは，Excel のデータの要約に関して，COUNT, COUNTIF, AVERAGE, AVERAGEIF, そして空白

セルの扱いについて説明します。データの個数 N，支店ごとの請求書の合計枚数，支店ごとの平均金額を，関数を使って算出します。

　こんなシチュエーションを想像してください。みなさんの手元には各支店の請求書の内容を打ち込んだデータがあり，すべての支店の請求書の合計枚数を知りたいとします。

　1 枚の請求書につき 1 行のデータなので，知りたいケース数は行の数です。

　Excel のように小さなデータであれば，表の最初のデータ行と最後のデータ行の行番号から算出すれば早いです。最初のデータ行が 2 行目，表の最後の行に飛ぶショートカットキー Ctrl+ ↓（Windows）；command+ ▼（Mac）を使って最後のデータ行が 201 行目だとわかれば，最後のデータ行からデータ行以前の行を引いて，201-(2-1)＝200 で請求書は 200 枚あることがわかります。

　データには欠損値がある場合もあります。そこで，実際に金額が打ち込まれた請求書の数だけ知りたい場合，つまり支払い金額の列の中から，空白や文字列を無視して，金額の入っているセルの数を知りたい場合です。

　ここで登場するのが **COUNT** 関数です。COUNT 関数は引数の範囲内の，数値を含むセルの個数を返してくれます。戻り値を入力したい任意のセルに＝COUNT を入力し，それに続く () 内の引数に範囲を選んでください。F 列全体を範囲にしたい場合には，＝COUNT(F:F) と引数に列を選んでも構いません。それで 200 という戻り値が返ってきたとすると，これがデータの個数，統計でいう N で，N＝200 となります。

　平均値を算出するには，AVERAGE 関数を使って引数に範囲を指定すればよいだけです。例えば，F2 から F201 までのセルの金額の平均値を算出したければ，＝AVERAGE(F2:F201) となります。

　つぎは，支店ごとの請求書の合計枚数です。支店ごとの請求書の度数分布表を作るのには，COUNTIF 関数を使いましょう。＝COUNTIF(検索範囲, 検索条件) で，「指定した検索範囲にある，検索条件と一致するものの度数を数えてください」という関数になります。検索条件が文字列のときに，文字列を "引用符" で囲むことを忘れないようにしましょう。

　続いて，支店ごとの平均金額を算出しましょう。支店ごとの合計金額を支店ごとの度数で割るという数式で平均金額を計算することもできますが，そんな割り算（除算）をせずに関数でいっぺんに実行できるのが，**AVERAGEIF** 関数です。＝AVERAGEIF(条件について見る範囲, 条件, 平均する範囲) と引数に指定します。平均を算出するのに，合計を度数で割る数式を使うよりも関数を使うことには，手軽さ以上の利点があります。それは空白セルの扱いです。

　例えば，試しに任意のセルを空白のセルにしてみましょう。すると，除算で算出した平均値と AVERAGEIF 関数の平均値で異なる結果となります。なぜでしょうか？

　空白セルが入っている場合には，関数の方が利点があります。基本的に Excel は空白

セルを 0 として扱うため，数式の方では空白セルを 0 として除算に算入してしまうので，計算結果は実際の平均値より小さくなってしまいます。しかし，関数は適切な空白セルを欠損値と認識して無視してくれます。どの引数の空白セルが欠損値と認識されるかは，Microsoft 社のサポートページの各関数の「解説」で確認することができます。例えば，AVERAGEIF 関数の「解説」では，「平均範囲内の空白のセルは無視されます。」とあり，それに対して「条件」範囲内の空白のセルは 0 と見なされると解説されています。

　このように，関数は，空白を 0 とみなすか，空白を欠損値とみなして無視するか，その機能に合わせて適切に判断するよう便利に作られているので，関数があるのであればそれを使いましょう。

　なお，特設サイトのデータで実習をしているみなさんは，空白セルが残らないように，先ほど消去したデータを忘れずにアンドゥで戻しておいてください。

3.1.2　Excel テーブル

　統計量を算出するのに，Excel のセル範囲の中で関数を使うのが上述の方法ですが，つぎに，Excel の**テーブル**を使います。テーブルではない，今まで使っていたふつうのセルの部分が**セル範囲**です。セル範囲として表がある場合には，下にスクロールすると列名が見えなくなってしまいます。列名など特定の部分を表示させ続けるには，リボン「表示」の「ウィンドウ」グループにある「ウィンドウ枠の固定」で固定しなければなりません。ウィンドウ枠を敢えて固定しなくとも下にスクロールして列のタイトル行が見えていたら，それはテーブルです。

　テーブルのすごいところは，Excel がテーブルをテーブルとして認識してくれることです。テーブルは作成されるや否や名前が定義されたり，チェックボタン 1 つで集計してくれたりします。既存の「テーブル」の横に新たな列を貼り付けると，Excel はたちまちテーブルの続きと認識して，貼り付けた部分も同じテーブルの一部となります。特設サイトの「テーブル」を参考にしてください。

　テーブル作成には，主として以下の 3 つの方法があります。

(1)　リボンの「ホーム」から「テーブルとして書式設定」
(2)　リボンの「挿入」から「テーブル」を選択
(3)　ショートカットキー Ctrl + T (Windows); command + T (Mac)

　テーブルの中のセルをクリックすると，リボンに「テーブルデザイン」が表れ，テーブルの外をクリックするとテーブルデザインが消えます。テーブルスタイルから，自分の好きなテーブルのデザインを選ぶことができます。

　リボン「テーブルデザイン」の左端にはテーブルの「プロパティ」グループがあり，テー

図 3.1　テーブルの集計行のドロップダウン

ブル名が確認できます．デフォルトだと「テーブル 1」といった名前が付けられ，それを
書き換えればテーブル名を好きな名前にすることができます．

　そして，「テーブルデザイン」リボンの「集計行」にチェックを入れると，最下行に集計
行が追加されます．集計行のセルをクリックすると，ドロップダウンリストから好きな基
本統計量を選ぶことができます．このように，テーブルでは簡単に集計をすることができ
ます（図 3.1）．

　テーブル形式から抜け出してふつうのセル範囲に戻りたいときには，「テーブルデザ
イン」リボンの「範囲に変換」を選びます．範囲に変換すると，集計行のドロップダウン
リストがなくなりますが，集計値は残ります．集計行を作成したことを忘れてしまってい
ると残った集計値まで誤って生データとして扱われてしまったりするので，集計行の扱い
には注意を払ってください．

3.1.3　Excel ピボットテーブル

　ここでは，ピボットテーブルについて説明します．セル範囲からピボットテーブルにす
る方法と，テーブルからピボットテーブルにする方法がありますが，以下はセル範囲から
変換する方法です．

(1)　ピボットテーブルにしたいセル範囲内のセルを選びます．
(2)　リボンの「挿入」からピボットテーブルを選び，作成したい場所を選んで「OK」．
　　　新しいワークシートの名前を付けます．

(3)　　ピボットテーブルのフィールド」で，列にしたい変数のチェックボックスにチェックを入れます。

(4)　　右下の「値」▼で各変数をクリックし，「値フィールドの設定」から，表示させたい集計値（「平均」など）を選んでピボットテーブルのセルに表示させます。

(5)　　列名から行にしたい列をドラッグして「行」に入れます。

(6)　　小数点を揃えるなど整えたらピボットテーブルの完成です。

特設サイトの「ピボットテーブル」を参考にしてください。

3.2　Excel による可視化

本節のテーマは可視化（visualization）です。可視化とは，データをグラフなどで表すことを指し，それにより視覚的にパターンを把握します。ここでは，1 つの変数の値がどのように分布しているか，量的データの分布を見るのに使われるヒストグラム，質的データについては円グラフで値の分布を可視化しましょう。この 2 つを，ヒストグラムは基本のグラフ，円グラフはピボットグラフで描くことによって，Excel のこれらのグラフの機能を解説します。

3.2.1　ヒストグラム

それでは，1 つの量的変数の値の分布を可視化する基本のグラフであるヒストグラムを作成します。特設サイトの動画も参考にしてください。量的データとして年齢を例にとります。

ヒストグラムは一見棒グラフに似ていますが，目的と形状が異なります。棒グラフの目的は本来，カテゴリーごとの度数や比率の比較を行うためのもので，質的データの分布の把握に用いられます。したがって，円グラフで表すことのできる分布は，棒グラフでも表すことができます。それに対して，ヒストグラムというのは基本的には量的変数の値の分布を把握するためのものです。

また，棒グラフの形状は本来は，棒（bar）と棒の間に隙間がありますが，ヒストグラムにはありません。連続したデータであるという前提だからです。ただし，「本来は…」と書いたのは，Excel 描画編集の機能上，棒グラフから作画する方が各種設定が柔軟であるために，棒グラフの間の隙間を 0 に設定して棒グラフでヒストグラムを描画することがあるからです。

量的データである年齢の分布を視覚的に把握するのに，10 代，20 代という幅でヒストグラムを作成するとすると，この 10 歳幅をビンの幅といいます。

ヒストグラムを作成するには，ヒストグラムにしたいデータ，例えば，年齢のセル範囲

を選択し，リボンの「挿入」の「グラフ」グループからヒストグラムを選択して作成します。グラフを新しいワークシートに移動させたい場合には，出現したグラフの中をクリックするとリボンに「グラフのデザイン」が出現するので，そこから「グラフの移動」で「新しいワークシート」を選び，新しいワークシートにグラフを移動させます。

　ヒストグラムを作図すると，ビンの幅は自動的に設定されます。そこで横軸を 10 代，20 代，・・・ と任意のビンの幅にするのに，「軸の書式設定」ウィンドウを出します。「軸の書式設定」ウィンドウを出現させるには，以下の方法があります。

(1)　　グラフの中をクリックして右側に出る＋印から「軸」の中の「その他の軸オプション」を選んで軸の書式設定ウィンドウを開く。

(2)　　グラフの横軸を右クリックして軸の書式設定ウィンドウを開く。

(3)　　ショートカットキーの Ctrl ＋ 1 （Win）; command ＋ 1 (Mac) で書式設定のウィンドウを開く。

(4)　　Mac では，「グラフのデザイン」から「グラフ要素を追加」の「軸」の「その他の軸オプション」で表示（図 3.2）。

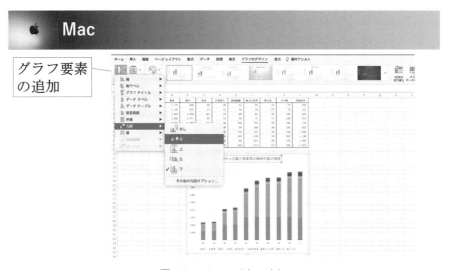

図 3.2　グラフ要素の追加

　「軸の書式設定」ウィンドウが開いたら，「軸のオプション」の「ビンの幅」で，ヒストグラムの横幅を選びます。この例の場合は，10 に設定します。「ビンのアンダーフロー」は，入力値以下をヒストグラムの一番左のビンとして設定します。例えば，一番左のビン

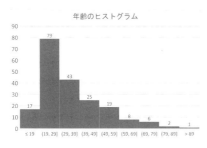

図 3.3 年齢のヒストグラム

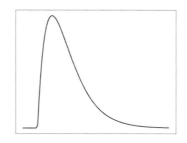

図 3.4 正の歪度

を 10 代にしたい場合は，19 に設定します。「ビンのオーバーフロー」では，入力値より大きい値をヒストグラムの一番右のビンとして設定するので，90 代以上をまとめて一番右のビンに設定したい場合には，89 に設定します。

　特設サイトの動画では，図 3.3 のようなヒストグラムを作成するのに，タイトルを付けてみたり，色を変えてみたり，スタイルを変えてみたりしているので参考にしてください。

　カードの使用年齢で左側は 18 歳まででそこで切れていますが，仮にそうではなくて，図 3.4 のように分布の裾野が右に長い「左に歪んだ分布」であった場合，これを正の**歪度**（わいど）といいます。逆に，右に歪んだ分布は歪度が負となります。左右対称の分布の場合は歪度が 0 です。

　なお，上記ではセル範囲の表から作図しましたが，テーブルから作図することもでき，むしろテーブルから作った方が後の編集が楽になります。セル範囲から作図するときのダイアログボックスで指定する表の範囲は上記ではセル範囲であったのに対し，テーブルから作図すると対象範囲はテーブルの名前になります。作図後に元の表にデータが追加された場合，セル範囲からの図では図の対象の範囲を都度修正しなければならないのに対し，テーブルから作っておけば名前を付けておいたテーブルの範囲が自動的に変わってくれるため，図の対象範囲を都度変更する必要がなくなります。

3.2.2　円グラフ

　つぎに，1 つの 質的変数の値の分布（比率）の可視化に用いられる**円グラフ**を，Excel のピボットグラフで作成，編集していく方法を紹介します。特設サイトの動画も参考にしてください。生データの車種列から，各車種の合計を集計したものを図示したいとします。生データから度数分布表をピボットテーブルで集計して，それをピボットグラフにします。

　ピボットグラフは，基本のグラフとほぼ同様に編集できますが，以下のような違いがあります。

(1)　ピボットグラフとピボットテーブルは自動連携していて，どちらかのデータを変えると，自動的に他方に反映されます。

(2)　ピボットテーブルはその全体が 1 つのテーブルと認識されてピボットグラフと対応しているので，ピボットテーブルの一部だけをピボットグラフ化することはできません。

(3)　ピボットグラフには**フィールドボタン**が表示されて，そのボタンからインタラクティブにグラフを操作できます。

　ピボットテーブルを作成したら，ピボットグラフで円グラフを作成します。まず，集計したいデータ範囲を選び，ピボットテーブルを作成したい場所を選び，リボンの「挿入」から「ピボットグラフ」をクリックします。値ラベルの表示などの円グラフのレイアウトは，「クイックレイアウト」からも選べます。自分で設定したい場合は，値ラベルを書式設定パネルから指定できます。

　ピボットグラフに表示されるフィールドボタンは，対象のフィールドをボタンから操作できるので便利ですが，図を出力するときには表示したくありません。特定のフィールドボタンは，リボンの「ピボットグラフ分析」の「フィールドボタン」の下から消すことができます。すべてのフィールドボタン表示を一気に消すには，フィールドボタンアイコンをクリックします。必要に応じて，例えば，$N=200$ などのテキストボックスを補足すると，図 3.5 のような円グラフとなります。

　本節では，Excel がよく使われる理由の 1 つである，図表による可視化の方法を説明してきました。ここまでで随分と Excel に慣れてきたのではないでしょうか? 次章からはプログラミング言語を使っていきます。

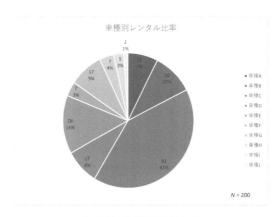

図 3.5　車種の円グラフ

第 3 章の問題

■ 理解度チェック

3.1　金額が G2:G201 に入っているデータで，NAH 支店の平均金額を出す Excel 関数を，下記の空欄に半角大文字で記入しなさい。ただし，F 列に NAH などの支店名が入っているものとする。

$$= \boxed{\text{A}} \text{(F2:F201, "NAH", G2:G201)}$$

3.2　テーブルが自動的に認識したテーブル範囲が，自分が定めたいテーブルの範囲と異なっていた。どのように修正するか。

3.3　「ピボットテーブルのフィールド」ウィンドウ右下の「∑値」の▼の中の「値フィールドの設定」の「集計方法」の選択肢リストにないものを，下記から 1 つ選びなさい。

- (1)　合計
- (2)　個数
- (3)　平均
- (4)　歪度
- (5)　標本分散
- (6)　分散

3.4　部課室内の年齢分布を部課室ごとに可視化してそれらの形状を比較したい。量的データの分布をビン幅を設定して可視化するための一般的な図の種類を，下記から 1 つ選びなさい。

- (1)　帯グラフ
- (2)　円グラフ
- (3)　折れ線グラフ
- (4)　ヒストグラム
- (5)　棒グラフ

■ 発展問題

3.5　特設サイトを参考に，Excel の比較（推移）の可視化として，積み上げ棒グラフ・折れ線グラフの組み合わせグラフを作りなさい。

3.6　特設サイトを参考に，トレンドラインを作りなさい。また，Excel で推移動向を簡単に探索できるスパークラインも作りなさい。

3.7　特設サイトを参考に，塗り分けマップ（コロプレス地図ともいう）を作りなさい。

3.8　特設サイトを参考に，Excel のインタラクティブな可視化として，テーブルに対して用いるフィルタであるスライサーや，条件付き書式による可視化を行いなさい。

3.9　特設サイトを参考に，マクロ・VBA を用いた棒グラフレースを作成しなさい。

第 **4** 章

プログラミングと
基本のアルゴリズム

本章では，最初に Google Colaboratory (通称 Colab) に入って，Python の世界のみなさんに Hello と挨拶します。そして，Python の基本を学んでいきます。アルゴリズムを図で表現するフローチャートについても説明します。

4.1 Colab の使い方

Colab とは，Google のクラウドサーバーでコードを実行できるサービスです。できることに制約もありますが，環境構築が不要で誰でも使えるので，Python 入門者には便利です。「Colab へようこそ」というページを検索するか，特設サイトのリンクをクリックするかして，「Colab へようこそ」のウェブページを開きましょう。

Colab を開いたら，「ノートブックを新規作成」をクリックしてください。Google Drive の中に入って，左上の「ドライブ」の下の「＋ 新規」の選択肢から Google Colaboratory を選んでも，新規のノートブックを作成することができます。そして，ノートブックのファイル名を好きなファイル名に変更します。

Colab はセルから構成されていて，セルにはテキスト入力セルとコード入力セルがあります。**テキストセル**にはマークダウン記法で，**コードセル**にはここでは Python コードで入力します。それでは **print** 関数を入力してみましょう。テキストセルに「Python の世界にご挨拶」と入力し，コードセルには，print("Hello World!") と入れて実行します。Python の print 関数は，丸括弧の中の引数を表示させる関数です。引数に文字列を入れるには，Excel と同じように，Python でも文字列を "" または '' で囲みます。実行して Hello World! が表示されたら成功です。実行してエラーが出たら，この段階では大抵は単なるタイプミスなので，落ち着いてコードを書き直して再度実行してみてください。

ファイルを保存するには，メニューの「ファイル」から「保存」を選択するか，あるい

は Ctrl (control) ＋ S で保存すれば，Google Drive に保存することができます。自身の Google Drive に Colab Notebooks というフォルダ（ディレクトリ）が作成されて，その中に保存したファイルが格納されているはずです。なお，Colab 上で上方に「すべての変更を保存しました」と出ていたら，すでにファイルが Google Drive 上に保存されているということです。なお，自動保存の設定は変えることも可能です。

4.1.1　マークダウン記法

　Colab のテキストセルの中は**マークダウン記法**で記述します。以下によく使うマークダウン記法をリストアップしたので，テキストセルで試してみてください。

　　改行
　　　　半角スペースを2つ入れると改行になります。
　　見出し
　　　　見出しの大きい順に#，##，###で始めると見出しになります。
　　箇条書き
　　　　半角ハイフンとスペース，またはアスタリスクとスペースで箇条書きになります。
　　番号付き箇条書き
　　　　半角数値，ピリオドとスペースで番号付きの箇条書きになります。
　　強調
　　　　太字や*斜体*で太字や斜体になります。

　4.2.2で説明するように，マークダウン記法では見出しになる パウンド記号（#: シャープ，ハッシュ）が，Python のコードではコメントアウトになります。同じ#印でも，テキストセルだとマークダウン記法における意味，コードセルだと Python コードにおける意味になるので，セルにより使い分けます。

4.1.2　Colab のショートカットキー

　Colab でもよく使う操作にはショートカットキーが便利です。例えば，Shift ＋ Enter でコードを実行してつぎのセルへ，Ctrl ＋ Enter でコードの実行ができます。また，Ctrl+m につぎのキーを続けると以下の操作が可能です。

・a セルを上に追加
・b セルを下に追加
・y テキストセルをコードセルに

・m コードセルをテキストセルに
・d セルの削除
・h ショートカットの一覧表示

4.2　はじめての Python

Python はインタプリタ言語といわれるプログラミング言語で，Python でプログラム
を書いてもそれが OS 上で直接実行されるわけではありません。図 4.1 のように，インタ
プリタとよばれる別のプログラムが OS の言語に変換してプログラムを実行します。

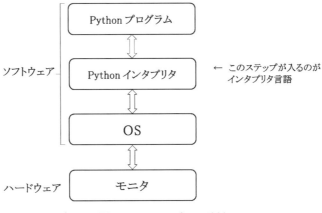

図 4.1　インタプリタ言語

Python はオブジェクト指向プログラミング言語（OOP: object-oriented programming
language）の 1 つでもあります。OOP では**オブジェクト**がデータでもあり，はたまたそ
のデータに対する手続きも含まれていることもあり，すなわち，オブジェクトは単にプロ
グラムによる指令の操作対象であるばかりではなく，オブジェクトこそがプログラムの構
成要素となっているといえるものです。OOP ではオブジェクトが組み合わさって指令を
なしているのです。

Python プログラムを書き込むのに，シェルでコマンドプロンプトに対して直接書き込
むこともできますが，拡張子.py のつくファイルを作ってそれを実行してもらうこともで
きます。みなさんがすでに Colab で作成したのは.ipynb という拡張子のファイルで，それ
は IPython Notebook の略，つまりノートブック形式のファイルです。開けると Jupyter
Notebook とよばれる形式で，それまでの記録を再現してくれます。IPython Notebook
は，Google Drive に保存されます。

一旦閉じた ipynb ファイルを開くには，Colab に入った最初の画面でファイルの一覧

が出るので，そこからクリックでファイルを開くことができますし，あるいは，Google
Drive 上に入って Colab Notebooks ディレクトリから自分の保存したファイルをダブル
クリックして開くこともできます。それでは，これまで Excel で学んできたデータ型など
の用語も復習しながら，Python コードを使ってみましょう。

4.2.1　組み込み型

データサイエンスで扱うデータには型があります。Excel の値には文字列と数値という
型があり，数値にはいくつもの表現形式がありました。Python のデータにも型（type）
があります。型の中には，標準型として標準的に Python インタプリタに組み込まれてい
る**組み込み型**（built-in types）があり，その主要なものは，数値，シーケンス，マッピン
グ，クラス，インスタンスです。文字列はシーケンスの一種です。

まずは，数値と文字列の違いについて，下記のコードを試してみましょう。

```
1  print("2 + 3")
2  print(2 + 3)
```

> **実行結果**
>
> 2 + 3
> 5

2 つのコードのうち，上のコードだと文字列と判断されて 2+3 が，下のコードだと数値
と判断されて 5 が，出力結果として表示されます。文字列として認識させるためのクォー
テーションマークは，ダブルクォーテーション（"”）でもシングルクォーテーション（'）
でも同じなのですが，一般的な文字列（入力値を文字として扱って欲しい場合）はダブル
クォーテーション，識別子として使用する場合（変数名など，何かを指す場合）はシング
ルクォーテーションにしている例を多く見かけます。結果は同じなので，どの使い方が間
違いということはありません。

4.2.2　インデックス

シーケンス型（sequence types）というのは，要素が一定の順番で並んでいる種類の型
のことで，**リスト型**（lists）もその 1 つです。リスト型は変数に相当するデータを格納す
ることに用いるので，よく使われます。ここでいう変数とは本書でこれまで用いてきた統
計用語の変数で，それはつぎに紹介する IT 用語の変数とは異なります。

　統計用語の変数は，IT 用語の**変数**が意味する PC 上の番地にクラス・オブジェクトを格納するときの「変数」とは（重なってはいますが）異なります。例えば，IT 用語の変数には定数（スカラー値）も格納できますが，分析や統計で用いられる「変数」は定数とは異なり，文字通り変数（variable），つまり値が vary（変わり）+able（得る）もののことをいうからです。統計用語の変数は，25 歳という値や 40 歳という値をとり得る「年齢」という量的変数（量的データ）や，「日本人」という値や「インド人」という値をとり得る「国籍」という質的変数（質的データ）がありながらも，変数の中の値は同じデータ型で，変数は**変動**（variation）のある要素の集合体でした。この変数を格納するのにリスト型が用いられます。

　リスト型自体は異なる型の要素を含むことも可能です。リスト型は要素を角括弧 [ ] に格納するので要素は横並びに見えるのがふつうですが，Excel スプレッドシートで変数を列として入力したそのイメージでいうと，変数名である列名がリストのオブジェクト名，その列に縦に並んでいる値が要素に相当することが多いので，その場合にはリストの要素は同じ型となります。ちなみに，リスト型とは変更可能（mutable）なシーケンスで，変更不能（immutable），つまり作成後に要素を変更することができないシーケンスである**タプル**（tuples）と区別されます。Excel のイメージでいうと，タプルはスプレッドシートの行になっている 1 つのレコードの各変数の値が並んでいるような使い方をすることが多いです。例えば，請求書 ID，支店名，支払日，支払者名，金額のように異なる型の値が入っているイメージです。

　それでは，**インデックス**（index）によるリストの要素の取り出しを実行してみましょう。例えば，3 つの要素が入ったリストの各要素のインデックス番号は，0, 1, 2 です。インデックスは 0 から始まることを覚えておいてください。では，以下のように，インデックスを用いて n というリストから要素を取り出すと，どのような結果が出るでしょうか？

```
1  n = ["1番","2番","3番"]
2  print(n[0])
3  print(n[1])
4  print(n[2])
5  print(n[0:2])
```

```
実行結果

1番
2番
3番
['1番', '2番']
```

インデックスの-1 は最後の要素，-2 は最後から 2 番目，⋯ となります。また，コロン
（：）はコロンの前の要素からコロンの後の要素の手前までという意味になります。Excel
と違って，コロンの後の要素の 1 つ手前までです。コロンで終われば最後の手前の要素ま
で，コロンから始めれば最初の要素からとすることができます。

```
1  n = ["1番","2番","3番","4番","5番","6番","7番","8番"]
2  print(n[8])
```

要素が 8 つなので，インデックス 8 で要素を取り出そうとすると 9 つ目の要素はない
のでエラーになります。これに対して範囲の指定においては，存在しないインデックス
を用いることが可能です。コロンを 2 つ使って，「どこから：どこの手前まで：いくつ
ずつ」という要素の取り出し方で見てみましょう。これを**ステップ**といいます。ステップ
は，1 つおきのときには 2，2 つおきだと 3，⋯ となります。

```
1  print(n[0:-1:3])
2  print(n[1:8:2])
```

```
実行結果

['1番', '4番', '7番']
['2番', '4番', '6番', '8番']
```

n[0:-1:3] の例では，コロンの前の 0 で「1 つ目の要素から」，コロンの間の-1 で「最後か
ら 1 つ手前の要素まで」，コロンの後の 3 で 3 ステップごとに（2 つおきに）となってい
ます。n[1:8:2] の例では，2 つのコロンの間に要素 8 という実際には存在しない値になっ
ていますが，その手前までの実際に存在する要素で範囲の指定を可能にしています。この
値はどんなに大きくても構いません。例えば，8 つの要素しかない変数に対して 55 番目
の要素までの範囲を指定しても，それは可能です。

```
1   print(n[-1:55])
```

```
['8 番']
```

コロンの前の-1 で「最後の要素から」，コロンの後の 55 でその手前の要素である 54 までの実際に存在する要素，つまり最後の要素である '8 番' だけを取り出すことができます。

リストから指定した要素を削除することもできます。削除には **del** を用います。8 番まであった n から 3 番までの n に戻しましょう。

```
1   del n[3:]
2   n
```

```
['1 番', '2 番', '3 番']
```

以上では，リストからインデックスで要素を取り出したり削除したりしましたが，文字列もシーケンスなので，同様にインデックスで文字を取り出すことができます。

四則演算，コメントアウト，変数と代入

Excel では，計算機としての使い方として四則演算を学びました。Python の四則演算の演算子も +-*/で，Excel と同じです。異なるのはべき乗で，Excel では ^でしたが，Python では**です。また，**整数除算の//と剰余の %** も覚えておくとよいでしょう。例えば，11 ÷ 4 は「2 あまり 3」，つまり整数除算が 2，剰余が 3 です。

```
1   print(11//4)
2   print(11%4)
```

```
2
3
```

パウンド記号（#）の行はコード中に実行をしてもコードとは認識されず，コメントと認識されるのでメモとして使えます。これを**コメントアウト**といいます。以下をコードで

実行しても，上の行はコメントアウトとなるので，コードとして実行されるのは下の行の
みとなります。

```
1   #print("2 + 3")
2   print(2 + 3)
```

実行結果

```
5
```

　変数にデータを代入するには = を使います。プログラミングにおける変数とは，コン
ピュータ上でオブジェクトやクラスを格納する場所のことです。コンピュータのメモリ上
の場所にはその位置を示す座標のような固有値があって，ふだんは目の前に現れません
が，id(x) で x が格納されているメモリ上のアドレスを確認をすることが可能です。
　番地の上に建っている建物… といってしまうと，番地と格納物との紐づけの流動性を
表現できないので，たとえていえば GPS 上の座標の場所に停車している車両があって，
その車両についている名前がオブジェクト名とでもしておきましょう。オブジェクトであ
る車両が，さらにいくつかのオブジェクトを格納していることもあります。
　以下では，name1 という変数に Chikako という文字列を格納しています。name1 とい
う変数名は任意のものです。さらに，name2 に Takeishi という文字列を格納して，それ
ら 2 つの変数を結合したものを print 関数で表示します。

```
1   name1 = "Chikako"
2   name2 = "Takeishi"
3   print(name1 + " " + name2)
```

実行結果

```
Chikako Takeishi
```

　上述のように，name1 という変数に文字列の Chikako を，name2 という変数に文字列
の Takeishi を代入して，2 つのオブジェクトを作成すると，オブジェクトに id（メモリ上
の番地），型（この場合は文字列）と値（この場合は Chikako など）が紐づけされます。
上記のコードは，3 行目で，name1 に格納されているオブジェクトと name2 に格納され
ているオブジェクトを CPU に取り出して，間に " "（半角スペース）が入るように + で

結合したものを print せよというコードで，実行すると Chikako Takeishi が戻り値として返されます。ただし，このように文字列のみであれば + で結合できるのですが，文字列と数値の結合はできません。

　コンピュータ上の場所，つまり変数は，大文字と小文字を別ものと認識します。また，変数名は通常半角小文字にします。全角だとエラーになります。小文字にするのは慣習で，本書ではわかりやすさのために大文字にしている場合もあります。変数名はアルファベットまたはアンダーバー (_) から始めることができますが，数字から始めることはできません。2 文字目以降であれば数字も使うことができます。

　変数の代入に関し，計算後の値を元の変数に代入する**累算代入演算子**も覚えておくとよいでしょう。

　　　+=　　　　a += b は a = a + b と同じです。
　　　-=　　　　a -= b は a = a - b と同じです。
　　　*=　　　　a *= b は a = a * b と同じです。
　　　/=　　　　a /= b は a = a / b と同じです。

4.2.3　標準入力，型の変換，関係演算子

　標準入力とは，プログラムが実行環境からデータを受け取ることで，**input** を用います。input 関数はデータを文字列として受け取ります。下記のコードを実行すると空欄が出現するので，そこに任意の文字を入力して，入力したデータを input 関数で受け取ってみましょう。

```
1  name3 = input()
2  print(name3 + "にお知らせです。")
```

　例えば，空欄に「みなさん」と入力してコードを実行すると，「みなさんにお知らせです。」と返ってきます。これが標準入力です。

　上述の「組み込み型」のところで，Python のインタプリタに組み込まれている標準型の主要なものに，数値，シーケンス，マッピング，クラス，インスタンスがあると学びました。そのうち，数値には 3 つのデータ型があります。**整数型，浮動小数点型，複素数**です。浮動小数点型は小数点のつく数値，複素数型とは a+bj（a と b は実数，j は虚数単位）と表すことのできる数値です。

　input 関数で文字列として受け取った数値を数値型に変換するには，整数（integer）には **int** で，浮動小数点数 (floating point number) には **float** で，複素数（complex）には **complex** で変換できます。逆に，文字列型 (string) には **str** で変換できます。

　下記のコードの標準入力に任意の値を入力し，実行してみましょう。入力した値は戻り値となりますが，コードの 2 行目は実行されず，入力値に 1 が足された値は返されません。なぜでしょうか？ それは上述のように，input 関数は入力値を文字列として受け取るため，そのままでは計算できないからです。

```
1  number1 = input()
2  print(number1 + 1)
```

　したがって，上記のコード 2 行目の計算を可能にするには，input 関数で受け取った入力値が代入されている number1 というオブジェクトのデータ型を，文字列から数値に変換してあげる必要があります。以下のコードを実行してみましょう。

```
1  number1 = input()
2  print(int(number1) + 1)
```

上記のコマンドは，入力値と入力値に 1 が足された整数を返します。例えば，空欄に 19 を入力すると，実行結果は以下のようになるはずです。

実行結果
19
20

　つぎに，**関係演算子**についてです。Excel では，IF 関数，SUMIF 関数，COUNTIF 関数などの引数に検索条件を指定していましたが，同じように Python でも条件を設定したり，比較したりするときに，関係演算子を用います。

　　　　a == b　　（等しい）
　　　　a != b　　（等しくない）
　　　　a >b　　　（より大きい，小さい）
　　　　a >= b　　（以上，以下）

　下記のコードで空欄にいろいろな整数を入力すると，19 以下であれば TRUE，19 より大きければ FALSE が戻り値として返ってきます。この TRUE，FALSE を**ブール型**（bool 型，boolean）といいます。

```
1  age = int(input())
2  age <=  19
```

実行結果
19 True

　例えば，空欄に 19 を入力すると，19 は関係演算子によって与えられた条件である 19 以下にあてはまるので，実行結果は True となります。

4.3　基本アルゴリズムのフローチャート

　アルゴリズムとは，一言でいうと問題解決の手順のことです。フローチャートとは，作業手順を図で表す一定の方法のことです。本節では，フローチャートで表現した基本的なアルゴリズムを図で理解しましょう（図 4.2）。

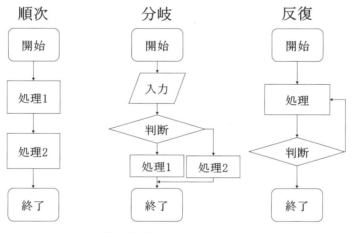

図 4.2　基本のフローチャート

4.3.1　順次・分岐・反復

　プログラミングの手順を表すフローチャートに用いられる基本的な記号は図 4.3 の通りです。
　ループ（反復，繰り返し）は，ループ端を用いて表現することもあれば，用いずに表現することもあります。以下では，ループ端を用いない方法でループを表現しています。
　プログラムの基本のアルゴリズムはたったの 3 種類，順次，分岐，反復です（図 4.2）。

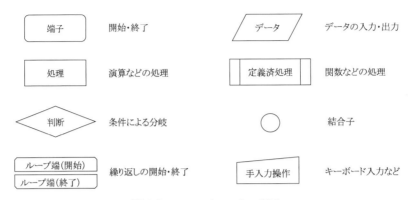

図 4.3　フローチャートの記号

　プログラムではこの 3 つを組み合わせていきます。順次とは，直線的に順を追っていく手順です。分岐とは，判断により選択肢が分かれるものです。反復はある条件の下で処理が繰り返されるものです。こういった，プログラムにおいて命令が実行される流れ（順序）を**制御フロー**といいます。本節では，基本アルゴリズムの制御フローに関する Python のフローツール文を見ていきましょう。以下では，分岐と反復の複合文である **if** 文と **for** 文および **while** 文を説明します。

4.3.2　if 文による分岐

　フローツール文の書き方の特徴は，条件を設定することです。条件を設定するには，条件のコードに半角コロン（:）を付し，その条件下で行われる処理を，**インデント**（段落を下げた表記）にします。インデントは自動的に挿入されることが多いですが，自分で入力するときには Tab キーを用いず，スペースで入力することをお薦めします。スペースの数は 4 つ入れることが多いですが，いくつにせよ統一することが大切です。他のプログラミング言語を学んだことのある人は，波括弧 でブロック区切りを括っていたかもしれませんが，Python ではインデントです。こういう感じです。

　　　　この条件では:　　　　　　← 行末にコロン:
　　　　　　この処理を行う　　　　← 行頭が字下げ（インデント）になる

　では，if 関数の場合です。if とコロンとの間に，関係演算子を使った条件を挟みます。そうするとその条件にあてはまるときだけ，インデントの段落を実行してくれます。

　　　　if 関係演算子を使った条件:
　　　　　　この処理を行う

例えば，下のようなコードを Colab で実行してみましょう。

```
age =int(input())
if age <= 19:
    print("あなたの飲酒は法律で禁止されています。")
```

空欄に 19 と入力して実行すると，実行結果はこうなります。

実行結果

19
あなたの飲酒は法律で禁止されています。

条件にあてはまらない場合の処理を設定するには else を使います。else の行末にもコロンを付けて，else のときの処理をインデントします。フローチャートとコードを図 4.4 に示します。

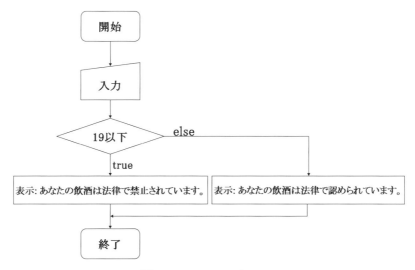

図 4.4 if のフローチャート

```
age =int(input())
if age <= 19:
  print("あなたの飲酒は法律で禁止されています。")
else:
  print("あなたの飲酒は法律で認められています。")
```

　空欄に 20 と入力してみましょう。すると結果は以下の通りとなります。

> 実行結果
>
> 20
> あなたの飲酒は法律で認められています。

　if と else の間に elif を挿入すれば，図 4.5 のように，さらに条件を加えていくことがで
きます。

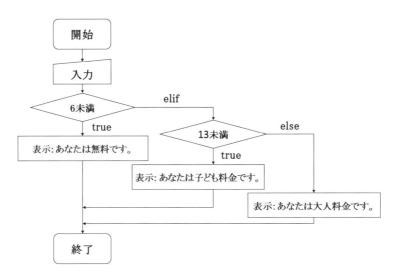

図 4.5　elif のフローチャート

```
1  age =int(input())
2  if age <  6:
3    print("あなたは無料です。")
4  elif age < 13:
5    print("あなたは子ども料金です。")
6  else:
7    print("あなたは大人料金です。")
```

　空欄に入力する値によって実行結果は異なります。

4.3.3　for 文によるループ

　つぎに，ループ処理の for 文についてです。ループ処理とは，同じ処理を繰り返すこと
で，そのための for 文は以下のような形式をとります。

for ある値 in 範囲:　　　　← ある値がこの範囲内にある間は

　　　この処理を繰り返す

　上の「ある値」は単に何回目ということを指すので名前は任意で，下記のコードのように i がよく入ります。range() の中に数値が 1 つの場合は，それが繰り返しの回数になります。図 4.6 は反復のフローチャートです。

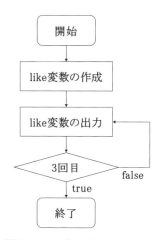

図 4.6　for 文のフローチャート

```
1  like = "いいね！"
2  for i in range(3):
3      print(like)
```

実行結果

いいね！

いいね！

いいね！

　実際に for 文を用いる際には，in の後に range で回数を指定するよりもイテラブルオブジェクトを用いることの方が多いかもしれません。イテラブルオブジェクトとはイテラブル（iterable），つまり繰り返し可能なオブジェクトのことで，例えば，リストのようなシーケンス型のオブジェクトが含まれます。

　例えば，下記のように，n = ["1 番","2 番","3 番"] というオブジェクト n を使った for 文を考えてみましょう。i が n というリストの要素の 0 から最後になるまでループで実行

します。

```
1  for i in n:
2      print(f"{i}は表彰されます。")
```

実行結果

1 番は表彰されます。

2 番は表彰されます。

3 番は表彰されます。

4.3.4　while 文によるループ

ループ処理には while を使うことができます。条件式が真である間，ループを繰り返すのが while 文で，以下のような形式をとります。

while ある条件:　　　　　← この条件が真である間は
　　　この処理を繰り返す

以下の例では，小学校の各学年初めは何歳かを出力するようにしています。最初に，year=1 で 1 年生を設定し，小学生は 6 年生までなので，while 文で学年が 7 未満である間だけループを繰り返すようにしています。ループされるインデントされた部分では，学年の値に 5 を加えた値を age という変数に代入するようにし，print 関数で，1 年生なら「小学 1 年生は 6 歳です。」と出力させるようにして，最後の行の累算代入演算子で year に 1 を足したものを year 変数に上書きしています。1 巡目で year が 2 年生になったので，インデントされている最初の行に戻って 2 年生は 2+5 で 7 歳となり，… とループを繰り返すというコードです。

```
1  year = 1
2  while year < 7:
3      age = year + 5
4      print(f"小学 {year} 年生は {age} 歳です。")
5      year += 1
```

実行結果

小学 1 年生は 6 歳です。

小学 2 年生は 7 歳です。

小学 3 年生は 8 歳です。

小学 4 年生は 9 歳です。

小学 5 年生は 10 歳です。

小学 6 年生は 11 歳です。

誤って無限ループを動作させてしまった場合には，Colab の上方にあるメニューの「ランタイム」（図 4.7）から「実行を中断」しましょう。

図 4.7 実行の中断

第 4 章の問題

■ 理解度チェック

4.1　Colab のテキストセルで，以下のようなテキストを入力しなさい。

基本のアルゴリズム
フローチャート
順次・分岐・反復
- *if* 文による**分岐**
- *for* 文による**ループ**
- *while* 文による**ループ**

4.2　Colab のコードセルで，コードを実行してつぎのセルへ移動するショートカットキーは何か。

4.3　Colab のコードセルで，下記のコードを実行すると author というタプルができる。これを print 関数で表示させた結果はどうなるか。

```
author = "TAKEISHI", "Chikako"
print(author)
```

4.4　x = [“a”,“b”, “c”, “d”, “e”] というリスト x から，x[1:3] で要素を取り出すと何が取り出されるか。

■ 発展問題

4.5　a *= b の a に 2，b に 3 を代入すると，a はどうなるか。

4.6　下記のコードを実行すると最後にどうなるか。

```
x = [6, 8, 2, 1, 5, 4, 3, 7, 9, 10, 0]
n = len(x) - 1
for i in range(n):
    for j in range(n-i):
        if x[j] > x[j+1]:
            larger = x[j]
            x[j] = x[j+1]
            x[j+1] = larger
    print(x)
```

4.7　問題 4.6 のコードで，要素 j 個目がその右側の j+1 個目よりも大きな値だった場合に格納される変数はどれか。

4.8　問題 4.6 のコードで，もし x の要素が 100 個だった場合，要素 j 個目とその右側の j+1 個目の比較は何回繰り返されるか。

4.9　問題 4.6 のコードは，以下の並び替えの種類のうちのどれを実行するものか。

(1)　順に隣り合った値の大きさを比較して位置を交換していく「バブルソート」
(2)　つぎつぎに最小値を先頭に出していく「選択ソート」
(3)　基準より大きなグループと小さなグループに分けることを繰り返していく「クイックソート」

第5章

オブジェクト指向プログラミング

5.1 関　数

5.1.1　組み込み関数

　Python インタプリタには数多くの関数と型が標準的に組み込まれています。なぜ，「関数や型」とこの 2 つを同様に扱えるかというと，オブジェクト指向プログラミングの見地からすると，関数も型もオブジェクトだからです。

　まずは簡単な組み込み関数 (built-in functions) の例として，データ型を確認する **type** 関数を使ってみましょう。オブジェクト名を type() の引数に入れて実行すれば，データ型が返ってきます。それでは，先ほどの like の型を確かめてみましょう（4.3.3）。

```
1  type(like)
```

> **実行結果**
>
> str

文字列であることがわかります。では，インデックスの項目のときに作った n の型は何だったでしょうか。

```
1  n = ["1番","2番","3番"]
2  type(n)
```

実行結果

list

リストだということがわかります。Python の**標準ライブラリ**（standard library）には，type のような組み込み関数から組み込み型，そして math のような標準モジュールまでが含まれています。例えば，math というモジュールには sqrt という関数が含まれていて，平方根を計算したい場合には **math** モジュールを呼び出してから **sqrt** を実行することになります。つまり，ライブラリを使用するには import による読込が必要です。

```
1  import math
2  math.sqrt(36)
```

実行結果

6.0

モジュールには，Python に組み込まれている標準ライブラリのモジュールの他に，**外部ライブラリ**（third-party library）のモジュールがあります。外部ライブラリを使用する場合には，ライブラリの読込の前にライブラリのインストールが必要です。

5.1.2　ライブラリの読込

ここでは，ライブラリの読込（インポート）についてさらに解説します。

Python では大概，ライブラリ，パッケージやモジュールを読み込んでからコードを書いていきます。ライブラリはパッケージやモジュールから構成されていて，パッケージはモジュールの集合体です。

Python インタプリタを終了し，改めて起動させると，それまでに定義してきた関数や変数は残っていません。そこで，テキストとしてインタプリタへの入力を用意しておき，ファイルを入力に使って関数を動作させることができれば便利です。Python では，そのために用いるファイルをモジュール (module) とよび，その集まりをパッケージとよびます。ライブラリという用語は関数からモジュール，パッケージまでを指すことがあり，イメージとしては目的によって一緒にインストールした方が便利なものの集まりです。

外部ライブラリは，pip コマンドでインストールする必要があるのですが，Python には標準的に付属している標準ライブラリがあり，それはインストールする必要がありま

せん。また，Colab には Colab で，インストール済みのライブラリがあり，よく使われる
ライブラリは大抵 Colab にプリインストールされています。

　Colab に組み込まれている **pandas** というライブラリを読み込む場合，最も簡素な読
込の形は，

```
1  import pandas
```

だけです。しかし，一般的には**エイリアス**（別名のこと）を付けておきます。例えば，
pandas には pd という別名を付けて読み込みます。

```
1  import pandas as pd
```

5.1.3　モジュール関数

　1 つのモジュールは 1 つのファイルで，そのファイル名はモジュール名.py になってい
ます。例えば，pandas モジュールというファイルの中には **DataFrame** という関数が
定義されており，import pandas で pandas モジュールが**名前空間**（5.2.3）に追加されま
す。その中の型や関数にアクセスするには，ドットを用いてモジュール関数を使うこと
ができるようにします。例えば，pandas というライブラリに含まれている DataFrame
を使うときには，pandas.DataFrame として，データフレーム（Excel と同じイメージの
2 次元の表形式データ）を作成します。また，pandas.read_csv で csv ファイルを読み込
みます。いちいち pandas と入力するのは面倒なので，あらかじめ付けておいたエイリア
スを使って pd.DataFrame や pd.read_csv とすれば，短く表記できて便利です。

5.1.4　関数の定義

　関数を自分で作成するときには，**def** 文を用いて丸括弧 ( ) 内に仮引数を入れて定義し，
return で戻り値を指定します。前述の if 文と同様，def からはじまる定義文に半角コロン
(:) を付し，その中身をインデントにして書いていきます。

　日本の小学生の年次を引数に与えると年度初めの年齢に換算する，age という関数を自
分で作るとしましょう。関数を定義するための def 文，それに続くのが新しく定義する関
数名，それに続く丸括弧 ( ) 内のものは**仮引数**といいます。仮のものですので，わかりや
すければどんな名前でも構いません。以下のコードでは，age と year が自らが付けた任
意の名前で，age が関数，year が仮引数です。インデントされた行の中で，仮引数を使っ
て関数を定義します。

```
1   def age(year):
2      age = year + 5
3      return age
```

　これで age という関数が作成できたので，引数を与えてみましょう。このように，実際に関数を使用するときに与える引数のことを**実引数**といいます。

```
1   age(4)
```

実行結果

9

　戻り値として 9 という値が返ってきますが，これでは何をしたのかよくわからないので，文を表示させる関数にします。以下のように，戻り値を得る必要なく print で結果を表示させたいだけの場合には，return は必要ありません。

```
1   def age(year):
2      age = year + 5
3      print(f"小学{year}年生は{age}歳です。")
```

　これで今度は 2 という引数を入れてみましょう。関数に引数を渡す場合には，仮引数＝実引数という書き方もよく使われます。これを**キーワード引数**といいます。キーワード引数がよく使われるのは，それにより引数の順番を変えたり，複数ある引数の一部だけを指定したりすることができるからです。以下で，キーワード引数を使って year=2 としてみます。

```
1   age(year = 2)
```

実行結果

小学 2 年生は 7 歳です。

　実行すると，「小学 2 年生は 7 歳です。」と表示されます。引数は指定しない場合のデフォルト値を設定したり，引数名の前にアスタリスク（*）を付けた可変長引数にして引数の数を増やすことも可能ですが，本書はここまでにしておきます。

なお，上記のモジュール関数のところで述べたように，拡張子が.py のファイルに収めてある関数をモジュールとよぶのでした。いま作成したこの age という小さな手作り関数でも，テキストファイルにして.py という拡張子で保存すれば，それはモジュールとなります。

5.2　オブジェクトとクラス

Python はマルチパラダイム・プログラミング言語なので，従来の手続き指向プログラミングを用いることもできれば，オブジェクト指向プログラミングを用いることもできる言語です。オブジェクト指向プログラミングにおけるオブジェクトとは，データと動作が合わさったものです。そして，**クラス**とはオブジェクトの設計図のようなものです。本節では，オブジェクト指向プログラミングならではのオブジェクトの概念とオブジェクトに付されるメソッドの考え方，クラスとインスタンスの関係について解説していきます。

5.2.1　オブジェクトとメソッド

変数と代入のところでふれたように，オブジェクトには必ず id, 型, 値があって，型ごとにあらかじめ組み込まれた**メソッド**があります。例えば，Python に標準で組み込まれている組み込みデータ型に対するメソッドの例として，リスト型という型に組み込まれている **append** メソッドを使う方法について見てみましょう。そのつぎに，クラスの定義の基本を解説して，オブジェクト指向プログラミングの特徴である**継承**, **カプセル化**, **ポリモーフィズム**についてふれておきます。

関数には，print のような単独で使える関数と，オブジェクトに属している関数があり，後者をメソッドといいます。メソッドは変数や値などのオブジェクトにドットと関数を付けて使います。メソッドでよく使われるのが，リスト型に組み込まれている append で，リストに要素を追加（append）します。例えば，下記のコードの 2 行目の n.append は，2 つの要素をもつリストを格納した n という変数に.append と付けてメソッドを呼び出し，n の要素に（引数）を追加します。コードを実行して結果を見てみましょう。

```
1  n = ["1番","2番"]
2  n.append("3番")
3  print(n)
```

実行結果

['1 番', '2 番', '3 番']

つぎに，コードセルに n. と入力したところで手を止めてみましょう。

図 5.1　オートコンプリート候補表示

　図 5.1 のように，リスト型の n というオブジェクトに可能なメソッドなどの一覧が表示され，そこから選択して**オートコンプリート**することが可能です。キューブ印のマークはリスト型で可能な関数，つまりメソッドを表しています。図 5.2 に代表的なマークを示します。

⬡	メソッド
⬡	変数
🔧	属性
{}	モジュール
⛓	クラス

図 5.2　オートコンプリートの代表的なマーク

5.2.2 クラスとインスタンス

それでは，オブジェクト指向プログラミングの理解に戻りましょう．上記では，Python
に標準で組み込まれているリストというデータ型に対するメソッドの例として，append
メソッドを使う方法について解説しました．これら組み込みデータ型は Python の**クラ
ス**の一部ですが，クラスを自分で定義してインスタンスオブジェクトを作っていくことも
できます．

クラス定義の基本形から，オブジェクト指向プログラミングがどのようにデータと動作
を組み合わせるかを見ていきましょう．クラスを定義した場合のオブジェクトを**インス
タンス**とよびます．クラスとは動作の設計図，インスタンスは設計図に従って動作する
1つひとつの実例です．たとえていえば，どんなバスがどの路線をどう動けるかを指定す
るのがクラスで，インスタンスはそのバスに乗り込む1人ひとりの乗客とでもしておきま
しょう．各乗客には**属性**（attribute）として名前などのデータを付すこともできれば，上
述のように，クラスの中に用意した関数をメソッドとして組み込むことも可能です．

```python
class People():
    def __init__(self, id, name, age):
        self.id = id
        self.name = name
        self.age = age

    def lottery(self):
        print(self.name + "さんに宝くじが当たりました！")

    def bee(self):
        print(self.name + "さんは蜂に刺されました。")
```

以上を実行するとクラスができます．つぎに，2つのオブジェクトを作ります．

```python
person1 = People("001", "ささき", "30")
person2 = People("002", "たけいし", "45")
```

オブジェクトに対してメソッドを呼び出し動作させます．試みに person1. で手を止める
と，オートコンプリート候補として上記で定義した lottery 関数や bee 関数が可能なメ
ソッドとして表示されるのではないでしょうか．

```
1  person1.lottery()
2  person2.bee()
```

実行結果

ささきさんに宝くじが当たりました！
たけいしさんは蜂に刺されました。

　上記のコードの実行で，戻り値が表示されました。どうやってオブジェクトにデータと
動作が結びついたのか見てみましょう。クラス定義の基本構造は以下の通りです。広義の
属性とは，オブジェクトにつくドットの後の名前すべてを指します。それはデータ属性で
あったり，メソッド属性だったりします。

> class クラス名 ():
> 　　def ＿＿init＿＿(self, 引数):
> 　　　　データ属性を定義
> 　　def other_methods(self, 引数):
> 　　　　メソッドを定義

　＿＿init＿＿ というのは，オブジェクトが作成されるとともに実行されるメソッドです。
クラスインスタンスメソッドの第 1 引数は必ず self となり，そのオブジェクトそのものを
示します。そして，インスタンスに対してメソッドを呼び出して加える操作を定義する関
数を，other_methods で定義しています。こういったクラスの設計により，オブジェク
トにデータの値，つまりデータ属性を付与することもできれば，関数であるメソッドを付
与することもできるわけです。それらを呼び出すのに，クラス名.属性を使って操作して
いくことができるようになります。
　クラスの中で定義される属性には，上記のようなインスタンス属性もあれば，クラス属
性もあります。インスタンス属性は特定のインスタンスについての属性で，def からはじ
まる関数定義文の下で，self.属性として定義されます。それに対して，クラス属性はクラ
スのすべてのインスタンスに対する共通の属性で，class からはじまるクラス定義文の直
下におかれます。
　例えば，下記のコードを見てみましょう。

```
1   class People():
2
3       total = 0
4
5       def __init__(self, id, name, age):
6           self.id = id
7           self.name = name
8           self.age = age
9           People.total += 1
10
11      def lottery(self):
12          print(self.name + "さんに宝くじが当たりました！")
13
14      def bee(self):
15          print(self.name + "さんは蜂に刺されました。")
16
17      def number(self):
18          print(f"人数は {People.total} 人です。")
```

　上記では，total を People のクラス属性として定義しています。ちなみに，最後の行の f"" は f 文字列（フォーマット文字列）で，置換フィールドに変数を挿入しています。上記のようにクラスを作成した後，1 人分のオブジェクトを作成します。

```
1   person1 = People("001", "ささき", "30")
2   person1.number()
```

実行結果

　人数は 1 人です。

　この段階では人数は 1 人です。さらに，もう 1 人分のオブジェクトを作成します。

```
1   person2 = People("002", "たけいし", "45")
2   person2.number()
```

実行結果

　人数は 2 人です。

　当然ながら人数は 2 人になります。ここで，person1 オブジェクトも確認してみましょう。

```
1   person1.number()
```

> **実行結果**
>
> 人数は 2 人です。

　オブジェクト person1 でも人数が増えていて人数は 2 人になりました。初期値 0 だった total は，新しいインスタンスが加わるたびに +1 となり，その処理はすべてのインスタンス，つまり person1 にも適用されるからです。ここで，People.total の id を調べてみましょう。

```
1  id(People.total)
```

　みなさんのメモリの中のアドレスが表示されたと思います。つまり，前述のたとえを使うと，この座標位置には People というバスが停車していて，そのバスが路線図上どのような動きができるかはクラスによって指定されており，さらにバスにはいくつかのバス停から乗車したオブジェクト（person1, person2）も載せていて，そのオブジェクトもそれぞれ属性や一定の役割をもっているというイメージです。そして，そのバスには乗車人数が格納されるようになっている People.total という変数も載せています。この People.total は，クラス全体の変数なので，**クラス変数**です。それに対して，person1.number は**インスタンス変数**です。

5.2.3　名前空間とスコープ

　上述のように，People というクラスの中で total というメソッドを作ったとしても，他のクラスの中で定義した total は別の変数として別の番地に格納され，別のものとみなされます。Python は同じ total でも，どの場所に格納されている total かを探さなければならないわけで，ではどこから探すか，それを**名前空間**（namespace）といいます。名前空間とは名前とそれが参照する場所の対応ペアの集合体です。Python の名前空間には，内側から，ローカルな **Local** 名前空間，外側の関数の **Enclosing** 名前空間，グローバル **Global** 名前空間，組み込みの **Built-In** 名前空間の 4 種類があります。

　Local 名前空間とは，関数を呼び出したときにその関数内だけで使える名前の集合体です。例えば，def 文で定義した関数を考えると，その関数を呼び出したときに直接アクセスできる名前は，関数を定義したときにインデントの中で使われていた名前です。

　Enclosing 名前空間とは，ローカル名前空間を囲んでいる（エンクローズしている）外側の関数の名前空間のことです。

　Global 名前空間とは，モジュールでアクセスできる名前の集合体です。そこには

Python インタプリタのトップレベルで実行される＿＿main＿＿ というモジュールも，import で読み込むモジュールも含まれます。

Built-In 名前空間とは，Python に組み込まれている名前の集合体で，Python インタプリタが起動するとともに作成される名前空間です。

この 4 つの名前空間は，Built-In 名前空間が Global 名前空間を包含し，Global 名前空間は Enclosing 名前空間を包含し，Enclosing 名前空間は Local 名前空間を包含しているという，包含関係にあります。

スコープ (scope) とは，ある名前空間が直接アクセスできる場所の範囲のことをいいます。名前空間がアクセスできる範囲に対応して，現在の関数の Local な名前を参照する Local スコープ，現在の関数を取り囲む関数に内側の近い方から順にアクセスして名前を探す Enclosing スコープ，現在のモジュールのグローバルな名前を探す Global スコープ，そして Python のプログラムのどこからでもアクセスできる Built-In スコープがあります。

さて，Python がオブジェクト指向プログラミングであることを巡る用語，例えば，オブジェクト，属性などについては書き手によって少々言い回しが異なる場合があり，どれも間違っているわけではないのですが，表現としては矛盾して聞こえてしまうことがあります。それは Python が概念の整合性から構築されたプログラミング言語ではなく，利便性を追求した結果としてできあがっているプログラミング言語であるためで，多少の用語のズレがあっても大目に見て欲しいと思います。

では，オブジェクト指向を追求したことによる利便性とは何かというと，よくいわれるのが継承，カプセル化，ポリモーフィズムという 3 つの特徴です。

5.2.4 継承・カプセル化・ポリモーフィズム

継承（inheritance）とは，その名の通り，あるオブジェクトのもつ特性を他のオブジェクトに引き継がせることができることです。例えば，上述の People クラスのクラス定義文を，

```
1  class People():
```

ではなく，

```
1  class People(Human):
```

とすれば，Human というクラスのデータや関数などの特性を People で受け継ぐことができます。クラスの場合，継承元を親クラス（superclass），継承先を子クラス（subclass）

とよびます。上記の例の場合，Human が親クラス，People が子クラスです。継承という
特徴により，コードの再利用性を高めることができます。

　つぎに，**カプセル化**（encapsulation）とは，外部からのアクセスを制限する際の仕組み
のことをいいます。外部からアクセスされたくない部分を明確にするものですが，実際に
アクセスを制限できるかというと完全にアクセスを阻止することはできません。しかし，
ついうっかり変更を加えてしまうということを予防することはでき，情報隠蔽という側面
からは重要な概念です。

　例えば，上記の People クラスで「カプセル化」を試みてみましょう。年齢はアンダー
スコアを2つ属性の前に付けることでカプセル化してみます。ちなみに，アンダースコア
1つだと「触るな」という意味になります。

```
1  class People():
2      def __init__(self, id, name, age):
3          self.id = id
4          self._name = name
5          self.__age = age
```

新しい People クラスで person1 を作成し直し，その属性を print してみます。

```
1  person1 = People("001", "ささき", 30)
2  print(person1.id)
3  print(person1._name)
4  print(person1.__age)
```

実行すると，id と name は表示されます。

　　　　001
　　　　ささき

それに対して，age については以下のエラーになります。

　　　　AttributeError: 'People' object has no attribute '__age'

　このように，age が表示されないのが正解です。アンダースコアを2つが中身を隠して
くれています。それに対して，アンダースコアが1つだった name は表示されてしまい，
ただし，アンダースコアにより触って欲しくないという意思表示はできているという状況
です。

　最後に，**ポリモーフィズム**（polymorphism）についてです。ポリモーフィズムは，日
本語で多態性ともよばれ，多元的な形態をとる性質のことをいいます。データ型やクラス
間で共通のインターフェイスを用いながらも異なる形をとります。別の言い方をすると，

クラスの場合だと，同じ名前のメソッドを使いながら，クラスごとに異なる動作をさせることができます。例えば，下記のコードを見てみましょう。親クラスである School で定義した grade メソッドが，Elementary, Juniorhigh, High という子クラスでの共通のインターフェイスとなっています。さらに，それぞれに対して grade の中に含まれる age 変数の計算式を変えています。そのため，最後に定義している year_age という 1 つの関数で，オブジェクトのクラスごとに異なる動作をしてくれるのです。例えば，pupil1 のはるは小学生（Elementary）なので 3 年生だと 8 歳，pupil2 のなつは中学生（Juniorhigh）なので同じ 3 年生でも 14 歳，pupil3 のあきは高校生（High）なので 3 年生であっても今度は 17 歳と出力するようになっています。

```python
class School:
    def __init__(self, name, year):
        self.name = name
        self.year = year

    def grade(self):
        return f"{self.name}は{self.year}年生"

class Elementary(School):
    def grade(self):
        age = self.year + 5
        return super().grade() + f"で{age}歳です。"

class Juniorhigh(School):
    def grade(self):
        age = self.year + 11
        return super().grade() + f"で{age}歳です。"

class High(School):
    def grade(self):
        age = self.year + 14
        return super().grade() + f"で{age}歳です。"

def year_age(x):
    print(x.grade())

pupil1 = Elementary("はる", 3)
pupil2 = Juniorhigh("なつ", 3)
pupil3 = High("あき", 3)

year_age(pupil1)
year_age(pupil2)
year_age(pupil3)
```

実行すると，以下のように表示されます。

はるは 3 年生で 8 歳です。
なつは 3 年生で 14 歳です。
あきは 3 年生で 17 歳です。

「誰々は○年生」までは親クラスの grade メソッドから引き渡されていて，「で△歳です。」が子クラスごとの grade メソッドで与えられていることがわかるでしょう。定義の

異なる grade メソッドであっても，最後に year_age 関数を定義するときに，grade とい
うメソッド名1つで引き渡すことができます。このように，ポリモーフィズムという特徴
によって，同じ名前のメソッドをクラスによって多様な形にアレンジして，インターフェ
イスとして用いることができるのです。

第5章の問題

■ 理解度チェック

5.1　pandas を pd として読み込んだ後，pd の型を確認しなさい。

5.2　表5.1の「つがいの合計」をフィボナッチ数という。このレオナルド・フィボナッチ
　　のウサギの問題を考えよう。

表 5.1　ウサギのつがい数とフィボナッチ数

か月後	産まれたて	生後1か月	生後2か月以上	つがいの合計
0	1	0	0	1
1	0	1	0	1
2	1	0	1	2
3	1	1	1	3
4	2	1	2	5
5	3	2	2	8
6	5	3	5	13
7	8	5	8	21
8	13	8	13	34
9	21	13	21	55
10	34	21	34	89
11	55	34	55	144
12	89	55	89	233

- 産まれたばかりの 1 つがいのウサギがいる。
- ウサギは産まれて 2 か月後から，毎月 1 つがいずつウサギを産む。
- ウサギが死なないと仮定して，1 年後，2 年後，… のウサギのつがい数を考える。

下記で fib を定義して，fib(12) を実行した戻り値を答えなさい。

```
1  def fib(n):
2      result = []
3      a, b = 0, 1
4      for i in range(n+1):
5          result.append(b)
6          a, b = b, a+b
7      print(result)
```

5.3　問題 5.2 のコードにおいて，表 5.1 の「つがいの合計」の値の 2 つ上の値に相当する
　　　変数はどれか。

5.4　問題 5.2 のコードにおいて，表 5.1 の「つがいの合計」の値の 1 つ上の値に相当する
　　　変数はどれか。

5.5　問題 5.2 において，2 年後にはつがいの数はいくつになっているか答えなさい。

■ 発展問題

5.6　第 4 章の発展問題にあるバブルソートを，bubble という関数として定義しなさい。

5.7　問題 5.2 の fib 関数を参考に，その b が n 未満の範囲で止まるような fib_less_than
　　　関数を作りなさい。

5.8　fib_less_than 関数をさらに修正し，result を list 型に変換したうえで，ウサギの
　　　つがいが n 未満の最大値になるときの result と，それが何か月後かを表示するコード
　　　にしなさい。

5.9　fib_less_than 関数を使って，ウサギのつがいが 1000 未満の最大値になるのは，何
　　　か月後の何つがいのときかを答えなさい。

第**6**章

Python による Excel の自動化

　本章では，Python による Excel の自動化の方法 [2] を紹介します。Excel はこれまで学んできたように，一般人からデータサイエンティストまで多くの人が使っているとっても便利なツールですが，弱点もあります。これまで Excel の弱点とされてきたこと，例えば，ビッグデータを扱えないことなどは，パワーピボットや Power BI によって克服されつつあります。また，Excel でよく起きていた問題，つまり前の人の加えた操作ステップが確認できないといった問題も，VBA の時代から克服されてはいました。しかし，総合して見ると，パワークエリの M 言語やパワーピボットの DAX その他，その時々に用いられている 1 つひとつの応用的な BI（ビジネスインテリジェンス）ツールなどの使い方を学ぶよりも，汎用プログラミング言語の基本を知っていることや，BI ツールで行うべきことが統計学のどの部分にあたるのかを理解することなど，基本的な理解が将来的な応用の基礎となると考えています。

　ここでは，Python を使って Excel を利用する，いわゆる「Python を使った Excel の自動化」を説明する中で，Python によるファイル操作を学びます。

6.1　マウント：Colab におけるデータの読込

　Colab にデータを読み込んでいくためには，マウントという操作が必要です。本節では，マウントについて学びます。

　データを読み込んで使っていくので，IPython Notebook でデータをマウントするためのコードを実行しておきましょう。

```
1  from google.colab import drive
2  drive.mount("/content/drive")
```

　Colab Notebooks ディレクトリ内に data というディレクトリを作ってください。そして，これから使うデータをそこに格納します。試しに foo.txt というテキストファイルを

作って，格納してみましょう。

```
1  with open("/パス/foo.txt", "w") as f:
2    f.write("Hello Google Drive!")
3  !cat /パス/foo.txt
```

このパスという部分には，例えば，content/drive/My Drive/Colab Notebooks/data といったパスが入ります。ドライブに反映しましょう。

```
1  drive.flush_and_unmount()
2  print("Colabに加えたすべての変更が，グーグルドライブに反映されました。")
```

マウント状態は時間が経つとタイムアウトになって自然に切れてしまうので，マウントボタンで適宜ドライブに接続したり接続を切ったりしてください。図 6.1 の①〜④を見てください。マウントボタンが見えていなければ，①のように，左にあるフォルダマークをクリックして出現させます。②フォルダメニューの右側にあるドライブを示す三角形が見えるボタンがマウントボタンです。このボタンに斜線が入っていなければマウントされていません。クリックして接続を許可してください。③マウント状態にあれば，ボタンに斜線がついているはずです。④ data ディレクトリはすでに作ってあるはずなので確認してください。

これで準備完了です。

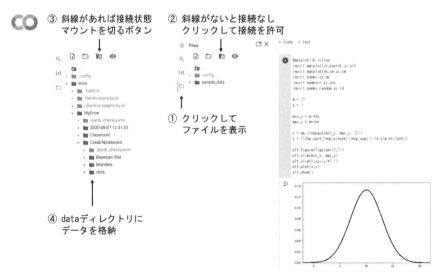

図 6.1　Colab のマウントボタン

6.2　Python によるファイル操作

　Excel の自動化とは，何でしょうか？ ボタンをぽちっと押したら全部自動でやってくれるという自動化であれば学ぶ必要はないわけですが，いわゆる「Python による Excel の自動化」というのは，毎週，毎月，毎年行っている作業でデータだけが違うという作業であれば，プログラムを組んでしまって，更新すべきところだけ更新すれば楽という考え方です。プログラムを組む人にならなくても，基礎がわかれば，更新すべきところがどこなのかがわかり，そこだけ入れ替えればよいわけです。仕事の引き継ぎも楽になるし，データを Excel 自体でいじってしまってメチャクチャになるといった悲劇も起こりにくくなります。したがって，ここでいう「自動化」とは，発想次第，応用次第で各種の業務の効率化につながるかもしれないようなスキルと知識のことなのです。

　本節では，Python を使って Excel を自動化するための基礎スキルとして，以下の 6 つのスキルを学びます。

(1)　Python で入力したものをデータフレームとして csv ファイルに書き出せるようにする。
(2)　すでに作成しておいた data ディレクトリにある csv ファイルを読み込めるようにする。
(3)　データフレームを Excel で書き出せるようにする。
(4)　あるフォルダにある Excel をすべて統合した新しい Excel を作る。
(5)　異なるデータフレームをそれぞれワークシートとした新しい Excel を作る。
(6)　クロス集計表を作成する。

　以上のスキルを修得すれば，例えば，今年度のデータを入力したもの (1) を，昨年度までのデータを読み込んで (2)，それに結合し (4)，(5)，Excel に書き出したり (3)，クロス集計表を作成して各支店の月別の動向を比較したり (6) することができます。そして，それを 1 回作成すれば，つぎの年も，またつぎの年も，そのプログラムを使えば同じ作業ができるようになりますし，結合したい Excel を同じディレクトリに入れておけばループ処理を使ってすべて結合してくれる，つまり「自動化」されるわけです。本書の目的は，プログラミングを書くスキルではなくて，プログラムを応用して活用するスキルですが，この基礎知識があることで，プログラムコードが何をしているのかある程度把握できるようになっているはずです。これらのスキルを業務の効率化に応用することによってディーセントワーク（decent work，働きがいのある人間らしい仕事）を達成し，文化的で豊かな生活を送ることができるようにと祈っています。

6.2.1　csv ファイルの書き出しと読込

　Python で入力したデータフレームを csv ファイルとして書き出す方法です。ここで
は，pandas ライブラリを使います。データラングリング段階からデータ分析までとても
よく使われるライブラリです。

　下記のコード 2 行目の item_list はデータを格納する空のリストを，item_list という
任意の名前の変数に格納するものです。4 行目で，支店記号に-1 が入力されるまでイン
デント部分を繰り返すような while 文にしています。8 行目で，入力したデータをリスト
形式で追加しています。11 行目で pandas の **to_csv** 関数でデータフレームを csv ファイ
ルにして書き出します。

```
1  import pandas as pd
2  item_list = []
3  branch = \mbox{input("支店記号を入力してください 終了は-1:")}
4  while((branch) != "-1"):
5      year = input("支払年を入力してください:")
6      month = input("支払月を入力してください:")
7      payment = input("金額を入力してください:")
8      item_list.append([branch,year,month,payment])
9      branch = input("支店記号を入力してください 終了は-1:")
10 df1 = pd.DataFrame(item_list,columns=["branch", "year", "month", "payment"])
11 df1.to_csv("/パス/payment.csv")
12 print("プログラム終了")
```

　2 つ目は csv ファイルの読込です。下記のコードは，特設サイトでダウンロードした
kingaku.csv を data ディレクトリにアップロードしておき，これを pandas の **read_csv**
関数でデータフレームとして読み込むものです。

```
1  import pandas as pd
2  df2 = pd.read_csv("/パス/kingaku.csv")
3  print(df2)
```

6.2.2　Excel ファイルの読込・統合・書き出し

　引き続き，3つ目の操作として，データフレーム df1 と df2 を Excel ファイルに書き出
します。そのために，openpyxl ライブラリを読み込んで，その中の **to_excel** 関数を使
います。

```
1  import openpyxl
2  df1.to_excel("/パス/payment.xlsx")
3  df2.to_excel("/パス/kingaku.xlsx")
```

　4 つ目に **glob** も読み込んで，data ディレクトリに入っているすべての Excel ファイルを glob で取り出します。それらを「data_list」として宣言します。そして，data_list の Excel ファイル群を for 文で 1 つずつ list という空のリストに格納していきます。さらに，list の Excel を読んで concat 関数で結合したものを df3 とします。それを to_excel メソッドで total という Excel に書き出すときの引数のオプション index=False とは，最左列にインデックスを挿入しないオプションです。

```
1  import openpyxl
2  import glob
3  import pandas as pd
4  data_list = glob.glob("/パス/*.xlsx")
5  list = []
6  for data in data_list:
7    list.append(pd.read_excel(data))
8  df3 = pd.concat(list)
9  df3.to_excel("/パス/total.xlsx", index = "False")
```

　上記のコードの意味をレビューしましょう。

　1 行目から 3 行目までで必要なライブラリを読み込みます。4 行目で Excel 名を列挙する「列挙リスト」を作成して，data ディレクトリに入っているすべての Excel のリストを作ります。5 行目で空っぽの「格納リスト」を作ってから，6, 7 行目で空っぽのリストに，Excel 名を列挙したリストの i 番目から次々に読み込み，もともと空っぽだったリストの i 番目に append します。8 行目ですべて append したリストを pandas でデータフレームとして結合してオブジェクト名を付けます。9 行目でデータフレームを total という Excel ファイルにして書き出します。

　以上のような意味なので，下記の同じ 名前 のところは，同じオブジェクト名でないとコードは動きません。

　　　列挙リスト = glob.glob("/パス/*.xlsx")

　　　格納リスト = [ ]

　　　for 何番目 in 列挙リスト :

　　　　　格納リスト .append(pd.read_excel(何番目))

　　　df3 = pd.concat(格納リスト)

　さて，5 つ目の例は，df1 と df2 を payment と kingaku という別々のシートとした新しい sheets.xlsx という Excel ファイルにして書き出すコードです。

```
1  with pd.ExcelWriter("/パス/sheets.xlsx") as writer:
2      df1.to_excel(writer, sheet_name = "payment", index = "False")
3      df2.to_excel(writer, sheet_name = "kingaku", index = "False")
```

　6 つ目の本節最後の Python によるファイル操作として，pandas の **crosstab** 関数を用いて月別支店別のクロス集計表を作成してみましょう。

```
1  import pandas as pd
2  df4 = pd.read_excel("/パス/total.xlsx", sheet_name = "Sheet1")
3  df4 = pd.crosstab(df4["month"], df4["branch"], values = df4["payment"],
4  aggfunc = "sum", margins = True, margins_name = "Total")
5  with pd.ExcelWriter("/パス/crosstab.xlsx") as writer:
6          df4.to_excel(writer, sheet_name="集計表")
```

　少しずつコードが長くなってきました。Python はスペースを無視するのでスペースを入れても入れなくても結果は同じなのですが，Python コードの書き方には，例えば，演算子（＋ など）の両側に半角スペースを入れるなど，コードを見やすくするためのゆるいしきたり pep8 があります。しかし，AI・データサイエンスは結果が出るかどうかなので，「こうじゃなきゃダメ！」という世界ではないので，書き方にあまりこだわる必要はないのです。

第 6 章の問題

■ 理解度チェック

6.1　本章に出てきた以下のコードが上手く実行されなかったとする。その理由として最も適切でないのはどれか，下記から 1 つ選びなさい。

```
1  import openpyxl
2  import glob
3  import pandas as pd
4  data_list = glob.glob("/パス/*.xlsx")
5  list = []
6  for data in data_list:
7    list.append(pd.read_excel(data))
8  df3 = pd.concat(list)
9  df3.to_excel("/パス/total.xlsx", index = "False")
```

　(1)　マウントが切れている。

　(2)　data と名付けられたディレクトリがない。

　(3)　data ディレクトリの場所とパスの示す場所が異なる。

　(4)　data というディレクトリの中に，結合したいファイルが入っていない。

　(5)　data というディレクトリの中に，Excel 以外のファイルが入ってしまっている。

(6)　data というディレクトリの中に，結合したいファイル以外の Excel ファイルが
入ってしまっている。

6.2　問題 6.1 のコードについて，誤っているものを下記から 1 つ選びなさい。

(1)　openpyxl は to_excel() を使うために読み込む。

(2)　glob は標準ライブラリなので，インストール不要である。

(3)　data_list には，data ディレクトリのすべての Excel ファイルのデータ内容が格
納されている。

(4)　concat は pandas の関数である。

(5)　append は list のメソッドである。

■ 発展問題

6.3　下記のうちプログラムが動かないものを 1 つ選びなさい。

(1)

```
1  data_list = glob.glob("/パス/*.xlsx")
2  list = []
3  for i in data_list:
4      list.append(pd.read_excel(i))
5  df4 = pd.concat(list)
```

(2)

```
1  data_list = glob.glob("/パス/*.xlsx")
2  li = []
3  for data in data_list:
4      li.append(pd.read_excel(data))
5  df4 = pd.concat(li)
```

(3)

```
1  data_list = glob.glob("/パス/*.xlsx")
2  list = []
3  for i in data:
4      list.append(pd.read_excel(i))
5  df4 = pd.concat(list)
```

(4)

```
1  data_list = glob.glob("/パス/*.xlsx")
2  list = []
3  for data in data_list:
4      list.append(pd.read_excel(data))
5  df4 = pd.concat(list)
```

第**7**章

データベース

コードの必要性が低いローコード，もしくは必要のないノーコードの時代に，私たちが知っておくべきなのは，もしかするとプログラミング言語以上にデータベース言語なのかもしれません。本章では，データベースの世界から，データサイエンスのプロセスのデータラングリングにあたる部分を見ていきましょう。

7.1 Excel を用いたデータ操作のための概念

データラングリングとは，取得データを分析に用いるデータに加工していくまでのデータ操作のプロセスを指し，これまでに学んだデータクレンジングもその前段の一部でしたが，本章ではデータラングリングで特に重要な，クエリによるデータ取得，キー結合，関係データのコンセプトを Excel のパワークエリのイメージを用いて紹介します。

7.1.1 ク エ リ

クエリ（query）とは，データベースなどからデータを取得することです。例えば，Excel のパワークエリは Excel の機能の 1 つではありますが，Excel から一旦離れて，クエリの中でデータを扱うものです。Excel では，リボンの「データ」にその機能が入っています。このリボンのデータの機能を使って，データベースやそれ以外からも，例えば，PDF などからでも Excel はデータ取得が可能です。

クエリの真骨頂は，ビッグデータの操作です。かつてはビッグデータの操作を苦手としていた Excel ですが，パワークエリ，パワーピボットを経て Power BI など Microsoft 社の **Power Platform** の発展が，Excel を表計算ソフトから AI・データサイエンスツールに進化させました。ここでは，クエリに限定して説明します。

クエリについては，Excel という店頭からの問い合わせ（query）を受ける独立した在庫管理部門にたとえて説明しました。その仕事は取得と変換で，パワークエリではそのプ

ロセスの記録もしてくれます。特設サイトにはパワークエリの動画もあるので，イメージ
づくりに役立ててください。

　パワークエリの Excel との違いについて，いくつかのポイントを指摘しておくと，つぎ
のような点が異なります。

- ・パワークエリには Excel と異なるパワークエリ専用のリボンがある。
- ・パワークエリでは空欄は null という欠損値に自動変換される。
- ・パワークエリは列の操作専用でセルの操作ができない。
- ・パワークエリの数式バーに見えるのは M 言語とよばれる言語である。

　先ほどのたとえでいえば，クエリは在庫管理調整用の倉庫なので，そこでは個々の商品
を開封できません。入荷した商品は，種別に梱包されたまま整理されます。データでいう
と「種別」梱包は列，個々の商品はセルに相当するので，パワークエリでできるのは列の
操作のみです。

　このように，クエリは，データをローカルにダウンロードすることなく外部データに接
続してデータをクエリとして取得し，クエリ上でデータを変換（目的に合わせて整形）し，
元データの変更を「更新」でクエリに反映したり，データ変換のステップを記録して自動
化したりすることができたりと，データの加工を中心とした機能をもっています。さら
に，パワーピボットが得意とするリレーションシップ機能によって複数のデータセットに
接続し，それらをデータ構造とよばれるモデリング機能で目的に合わせて関係づければ，
何百万というデータを操作することを可能にします。そして，Power BI は，分析結果を
共有用に視覚化レポートにまとめたり，ダッシュボードにしたりするなど，データ分析結
果のコミュニケーションを得意としています。

　クエリやリレーションシップという意味では，本書では主として Python と SQL の
コードを使ったデータの取得と結合を解説し，Microsoft 社の Power Platform には深く
立ち入りません。しかし，ローコード，ノーコードの世界でも，データ結合の概念は知っ
ておくと便利です。そこで以下では，Excel 上のイメージで結合，クエリのマージについ
て説明します。

7.1.2　結　　合

　例えば，資格のための研修を受ける人を特定するのに，これまでに研修を受けていない
人の中で，まだ資格を取得していない人を抜き出すというタスクがあるとします。1 つの
ファイルには，資格の有無のデータが入っています。もう 1 つのファイルには，これまで
に研修を受けていない人のデータが入っているとしましょう。この 2 つを結合（マージ）
します。

　パワークエリの結合の種類には，左外部（left-outer），右外部（right-outer），完全外部（full-outer），内部（inner），左反（left-anti），右反（right-anti），クロス（cross）があります。マージウィンドウ内の上を「左」，下を「右」として，マージの種類は図 7.1 の関係になります。なお，クロス結合は，右の各行と左の各行のすべての組み合わせが含まれるようにするマージです。

図 7.1 データの結合

　資格の有無のデータを取得したクエリには「資格」，研修を受けていない人のデータを取得したクエリには「要研修」という名前を付けたとします。先に選ぶ方が，データ結合の「左」になります。「要研修」の人のリストを左にして，右の「資格」がある人を除くときにはどのようにすればよいでしょうか。

　左にしたい「要研修」のクエリからクエリのマージを選ぶと，マージダイアログボックスの上部（概念図や呼び名の「左」に相当）に「要研修」が入るので，下部（「右」に相当）にマージすべき「資格」を選びます。マージするときには，例えば，個別 ID を照合してデータを統合したいときには，それをキー変数として「照合列」に選びます。「要研修」（左）の中で，すでに資格をもっている人（右）を除外するのがタスクなので，左反を選んでマージします。

　このような結合（マージ）は，どのようなツールを用いても同じような概念で行う作業なので，イメージを掴んでおきましょう。

7.2　SQL

　Python が現在よく使われている代表的な汎用プログラミング言語であるのと同様，SQL が現在よく使われているデータベース言語で，Python と SQL はよくセットで用いられます。**データベース**とは，一定の目的のために組織化されたデータの集まりのことで，データの検索，追加，更新，削除が可能なように組織化されています。**データベース言語**とは，データベースの操作などをする言語のことで，その 1 つである SQL は，structured query language の略です。query（クエリ）はすでに説明した通り，「問い合わせ」という意味で，たとえていうと，商品を運び込まずに倉庫に連絡して商品を操作す

るようなものです。SQL は同様に，データベース（倉庫）にあるデータの情報を取得するための言語なのです。Python と SQL をセットで用いることで，ローカル環境では扱いきれないような大規模なデータを操作することが可能です。

あらゆる IT 関連分野でソフトウェアが開発され高度化していますが，データベースの世界で発達しているのが**データベース管理システム**（**DBMS**: database management system）です。DBMS とは，ユーザーがデータを検索，閲覧，作成，加工，保護，読み取り，更新，削除，保管したりするのを助ける，データベースを作成・管理するためのシステムソフトウェアです。DBMS で最もよく使われているのが**リレーショナルデータベース管理システム**（**RDBMS**: relational database management system）です。これからリレーショナルデータベースとリレーショナルデータベースではない NoSQL について説明し，そして RDBMS の 1 つである SQLite を使ってみるというのが本節の内容です。

7.2.1 リレーショナルデータベース

RDBMS とは，データを，今まで Excel で生データとよんできた形のテーブルを複数保管しているものをいいます（図 7.2）。

people

id	name	age
1	Chika-chan	45
2	Ryo	30

likings

person	thing
1	1
1	2
2	1

thing

id	name
1	Star watching
2	Piano playing

aquaintances

person	knows
1	2

図 7.2　リレーショナルデータベース

リレーショナルデータベースは，これまで見てきた形なのでイメージしやすいと思いますが，RDBMS の呼称では，行（ロウ）の要素を**レコード**（record），または**タプル**（tuple）といいます。列（カラム）のこれまで変数とよんでいた情報を**属性**（attribute）といいます。よって，列名・カラム名は変数名・属性名として扱われます。Excel のセルにあたる部分を**フィールド**といいます。そして，各列には名前（これまで変数名とよんでいたもの）を指定し，カラムごとにその値には一定のデータ型が指定されます。そして，これらを指定してテーブルを設計することをデータ定義といいます。

リレーショナルデータベースをデータ定義するときの用語に**主キー**（primary key）と**外部キー**（external key）があります。識別キーとしての役目を果たすには，列中に同じ

値が複数現れては役目を果たしません。そこで，列の値がすべて一意の値でなければならないとデータ定義をします。また，結合キーとしての役目を果たすには，個別 ID のようなキーが，それと結合したいどのテーブルにも入っていることが必要です。そのように，ある列の値は必ず他のテーブルの一定の列に含まれている値でなければならないとデータ定義がなされている場合，それを外部キーとよびます。

　データの冗長性を排除して，データの一貫性と整合性を保つためにデータベースを設計すること，言い換えると，データの追加・更新・削除をしたときに，1 つの変更につき複数レコードについて更新しなければならなかったり，不整合が起きてしまったりしないようにテーブルを分割することを，データベースの正規化といいます。分割されたテーブルは，例えば，図 7.2 のような複数テーブルに格納されています。このようなリレーショナルデータベースのデータを操作するデータ操作言語（**DML**: data manipulation language）が SQL です。SQL は DML としてのコマンドのみならず，データ定義言語（**DDL**: data definition language），データ制御言語（**DCL**: data control language),トランザクション制御言語（**TCL**: transaction control language）の機能も持ち合わせています。

　ここまで読んできて，それではデータベースにはリレーショナルデータベース以外に何があるのかと疑問をもった人もいるのではないでしょうか。SQL 言語の実際に進む前に，一旦 NoSQL に言及しておきましょう。

7.2.2　NoSQL

　NoSQL とは，リレーショナルデータベースではないデータベースのことです。リレーショナルデータベースが複数テーブルで構成されているのに対して NoSQL はそうではないので，NoSQL は必ずしも Excel 的なイメージにはあてはまらないのですが，ざっくりと違いをイメージすると，リレーショナルデータベースは変数（列）が固定されていてデータが縦に拡張するイメージ，NoSQL はキーの値が固定されていて拡張は横，あるいはデータの格納方法によって異なる拡張をするイメージです。非常に大規模なデータは1 つのコンピュータでは処理しきれないところ，もしそこでリレーショナルデータベースが関連データを正規化した別々のテーブルとして格納していた場合，複数のコンピュータを協働させて動作させる**分散処理**（distributed processing）が大変になってしまいます。NoSQL はすべて同じ列である，もしくは主キーの列を中心に構成されているので，比較調整がより容易です。つまり，NoSQL はリレーショナルデータベースより後に出現した，大容量データ向きのデータベースなのです。

　組織は分野の主タスクによって利用するデータベースを選択することになります。NoSQL のデータ格納のタイプには，キーバリューデータベース，ワイドカラムデータ

ベース，グラフデータベース，ドキュメントデータベースがあります。リレーショナル
データベースでは図 7.2 で表されているデータを，NoSQL に格納するとしましょう。
Zollmann (2012)[3] を参考にして，それぞれのデータ格納方法を図で表現してみます。

　キーバリューデータベースの格納法は，簡単な要素のキーとそれに付随するすべての値
が key-value のペアになっている，図 7.3 のような格納です。グレーの四角がキーで，白
い四角が値です。白い四角は文字列が格納されているだけで，それ以上の解釈はなされま
せん。

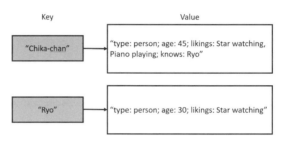

図 7.3　キーバリューデータベース

　ワイドカラムデータベースは，キーバリュー方式のキーが行キー（row key）となり，そ
の他に取り出された情報（属性）が列（カラム）キー（column key）となります。図 7.4 で
は，カラムキーが 1 つ取り出されて 2 次元のデータを構成していますが，カラムはいくつ
でも取り出していくことができるので，ワイドカラムとよばれます。

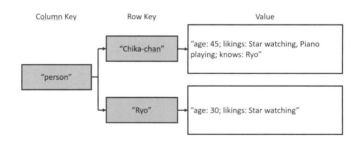

図 7.4　ワイドカラムデータベース

　グラフデータベースは，ノードとよばれる○印が 1 つの存在を表し，エッジとよばれ
る線がノード間の関係を表すグラフ構造を用いてデータ間の関係を保存するものです
（図 7.5）。グラフデータベースは，ネットワークやロジスティクスに利用されます。
　ドキュメントデータベースは，JSON や XML といったドキュメントにデータを格納す

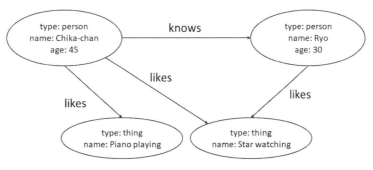

図 7.5 グラフデータベース

people	

{
name: "Chika-chan",
age: 45,
likes: ["Star watching", "Piano playing"],
knows: "Ryo"
}
	{
	name: "Ryo",
	age: 30,
	likes: ["Star watching"]
	}

図 7.6 ドキュメントデータベース

るものです。図 7.6 は JSON でデータを格納する例です。

7.3　SQL を使ってみよう

　それでは，SQLite をインストールして SQL 言語を使ってみましょう。RDBMS には，Oracle Database や Microsoft SQL Server のように商用のものもあれば，MySQLや PostgreSQL（ポストグレス キューエル）のように無償でも使えるものがあります。ここでは無償の SQLite を使って，SQL にふれていきます。SQLite と DB Browser forSQLite をインストールします。

　まず SQLite をダウンロードします。各自の PC の OS に合わせてダウンロードしてください。Mac の場合は zip ファイルを 1 つダウンロードすればよいですが，Windowsでは 2 つ必要です。特設サイトの動画には，Windows へのインストールの方法があります。ダウンロードしたら zip ファイルを解凍してください。上手く解凍できない場合は，7-zip を用いて解凍するのが一般的です。7-zip をインストールしてから zip ファイルを右クリックして，「ここに展開」を選んでください。デスクトップに sqlite3 というフォルダを作って，解凍して得られたすべてのファイルをその中に移動します。

　つぎに，**GUI**（グラフィカルユーザーインターフェイス）ベースで SQLite を操作することのできる，DB Browser for SQLite をダウンロードします。ちなみに，本書の目的は

簡単なコードであってもまずは SQL 言語を使ってみることであって，GUI でグラフィカルにデータベースを操作することではないので，DB Browser for SQLite は SQL コードの実行結果を確認する目的で用います。各自の PC の OS に合わせてダウンロードしてください。ダウンロードしたファイルをダブルクリックしたら，基本的に Next ボタンで先に進んでインストールしてください。適宜，デバイスの変更を許可して進めてください。以下では，DB Browser for SQLite を用いたつぎの操作について解説していきます。

- ・テーブル
- ・選択，射影，結合，演算
- ・集計，行の並べ替え

7.3.1　テーブル

　SQL では，半角セミコロン (;) までが 1 つの SQL 文として認識されるので，「;」まで入力してから実行します。大文字と小文字はあくまでもコードをわかりやすくするために使い分けるもので，SQL 側では大文字と小文字は区別しません。コマンドを大文字で書き，テーブル名やカラム名は小文字にしておくのが一般的です。コマンドを半角で書くのは Excel や Python と同じですが，SLQ はコマンドが半角スペースで区切られるので，区切りのスペースを誤って全角スペースにしないようにしましょう。

　それでは，テーブルの作成についてです。SQLite で 2 つの csv ファイルを読み込んでテーブルを作成し，kingaku と customer というテーブルを作成します。適宜，特設サイトの動画も参考にしてください。実習の準備として SQL 用のフォルダを作成して，そこに特設サイトからダウンロードした kingaku.csv と customer.csv を入れておきます。

　DB Browser for SQLite を開いたら，新しいデータベースを作って任意の名前を付けます。「テーブルの定義を編集」はキャンセルして，「ファイル」の「インポート」から「CSV ファイルからテーブルへ」を選び，「CSV ファイルをインポート」というダイアログボックスで「先頭行をカラム名に」などの設定をして OK ボタンを押し，kingaku というテーブルを作成します。

　ちなみに，csv ファイルではないテキストファイル, 例えば, **tsv** (tab-separated values) であっても「CSV ファイルからテーブルへ」を選び，ダイアログボックスで「フィールド区切り」を「タブ」に設定すれば大丈夫です。

　日本語で文字化けが起きた場合は，ダイアログボックスの「エンコード」から「その他」を選んで，Shift_JIS と入力します。

　もし間違ってやり直したかったら，書き込みをしていない限りデータベースをただ切断すれば破棄できますし，**DROP TABLE** でテーブルを削除してもよいでしょう。

```
1   DROP TABLE
2       kingaku
3   ;
```

テーブル定義の変更は **ALTER TABLE** で行います。カラム名の変更は **RENAME COLUMN** で，payment というカラム名を amount に変更するには下記のコードを実行します。

```
1   ALTER TABLE
2       kingaku
3   RENAME COLUMN
4       payment
5   TO
6       amount
7   ;
```

「データ閲覧」で列名が変わっていることを確認したら，「変更を書き込み」でテーブルへの変更を保存します。保存しないと変更は破棄されます。ただし，本書の対象はデータ分析を行うユーザーなので，分析者は基本的に元データには変更を加えず，query（照会，問い合わせ）で取得したデータを分析するのみであることを心得ておきましょう。

なお，SQL のコードで，COMMIT で終わるコードを見かけることがあるかもしれません。COMMIT は SQL でテーブルに加えた変更の確定処理を行うコマンドで，COMMIT で実行が確定されるまでの一連の SQL の処理はトランザクションとよばれます。DB Browser for SQLite では，「変更を書き込み」が COMMIT に相当します。

7.3.2 選択，射影，結合，演算

SELECT 文では，データベースのテーブルはそのままでデータを取得することが可能です。SELECT 文を使って，選択（selection）してみましょう。データベースの用語で「選択」とは，レコードを選択して取得することです。SELECT 文を用いて，FROM 句で customer というテーブルから，number カラムの値が 10847 のレコードの*（=すべての）列を選択します。

```
1   SELECT *
2   FROM customer
3   WHERE number = 10847
4   ;
```

つぎは，射影 (projection) です。行の条件抽出をした上記の「選択」に対して，「射影」とは列を取得することをいいます。それでは，customer テーブルの first_name と

family_name のカラムを SELECT 文で取得します。

```
1   SELECT first_name, family_name
2   FROM customer
3   ;
```

なお，SQL ではクエリの実行順が決まっています。実行順は表 7.1 を参考にしてくだ
さい。

表 7.1　クエリ実行順

実行の順序	機能
FROM	テーブルを選択・結合して基本データを取得する
WHERE	基本データのレコードを条件抽出する（選択）
GROUP BY	基本データを集計する
HAVING	グループ化されたレコードを条件抽出する
SELECT	最終データを返す（射影）
ORDER BY	最終データを並び替える
LIMIT	並び替えたデータを行数で制限する

上記の 2 つのコードの組み合わせで，SELECT 文を用いて customer の number カラ
ムの値が 10847 のレコードの first_name と family_name を取得してみます。

```
1   SELECT first_name, family_name
2   FROM customer
3   WHERE number = 10847
4   ;
```

では，結合についてです。kingaku と customer を結合（**JOIN**）して，それを invoice
というテーブルに格納しましょう。手順としては，まず invoice というテーブルを
CREATE で作成し，kingaku の行番号（rowid）と customer の id 列を結合キーと
して kingaku テーブルと customer テーブルを結合したデータを invoice とします。

```
1   CREATE TABLE invoice AS
2   SELECT *
3   FROM kingaku
4   JOIN customer ON kingaku.rowid = customer.id
5   ;
```

つぎに，演算を行い円をドルに換算してそれを新しい列に追加してみましょう。テーブル定義を変更する **ALTER TABLE** を使います。**ADD COLUMN** で新しい列を追加し，そのカラムの値のデータ型を浮動小数点型（REAL）に定義します。

SQL では，浮動小数点数を **REAL** とよびます。ここまで学んできたツールに出てきたデータ型用語を簡単に整理してみましょう。ごく代表的な 3 種のデータの種類として数値の 2 種類である整数と浮動小数点数，そして文字列の 3 つのデータ型を，Excel の場合，Python の場合，SQL の場合で比較したのが表 7.2 です。Excel ではリボンから Number と Text を選ぶことができました。整数は Number の中の形式オプションから小数点の位置で指定することもできますが，表 7.2 では整数に変換する関数 INT() で示しています。Python の場合には，関数 type() による戻り値を示しました。そして，SQL の場合は，データ定義の用語を示しています。

表7.2 整数型，浮動小数点型，文字列型のツール別用語比較

	整数型	浮動小数点型	文字列型
Excel	INT()	Number	Text
Python	int	float	str
SQL	INTEGER	REAL	TEXT

ALTER TABLE でカラムを追加しデータ定義をしてから，テーブル内容を更新する **UPDATE** で新しく追加した dollar カラムの値を amount/140（本書執筆時の換算レート）の戻り値にしてテーブルを更新します。

```
1   ALTER TABLE invoice
2   ADD COLUMN dollar REAL
3   ;
4   UPDATE invoice
5   SET dollar = amount / 140
6   ;
```

7.3.3　集計と行の並べ替え

集計をしましょう。具体的には invoice テーブルの amount の，支店ごとの平均値を **AVG** で算出します。SELECT 文，FROM に続けて，**GROUP BY** で集計します。

```
1  SELECT branch, AVG(amount) AS avg_amount
2  FROM invoice
3  GROUP BY branch
4  ;
```

四捨五入した方がよいので，**ROUND**(値, 小数点桁数) に平均値を入れましょう。

```
1  SELECT branch, ROUND(AVG(amount), 1) AS avg_amount
2  FROM invoice
3  GROUP BY branch
4  ;
```

SELECT 文の **ORDER BY** という句を使って，amount の大きい順（DESC）に行の並べ替えをします。

```
1  SELECT *
2  FROM invoice
3  ORDER BY amount DESC
4  ;
```

本章で，SQL というデータベース言語の感じが伝わったでしょうか。

第 7 章の問題

■ 理解度チェック

7.1　NoSQL について，誤っているものを下記から 1 つ選びなさい。

   (1)　NoSQL とは，リレーショナルデータベースでないデータベースのことである。

   (2)　NoSQL はリレーショナルデータベースより分散処理が速い。

   (3)　JSON や XML でデータを格納する方法をドキュメントデータベース型という。

   (4)　グラフデータベース型では関係をノードとして格納する。

   (5)　ワイドカラム型はすべての属性について列にすることができる。

7.2　SQL の文法について，誤っているものを下記から 1 つ選びなさい。

   (1)　コマンドは大文字で書かなければ実行されない。

   (2)　セミコロンはコードの終わりを示す。

(3)　FROM WHERE はこの順に実行される。

(4)　コマンドの区切りのスペースは半角スペースにする。

(5)　列名やテーブル名は小文字にしておくのが慣例である。

■ 発展問題

7.3　本章の並べ替えコードを実行した結果として，誤っているものを下記から 1 つ選び
　　なさい。ただし，クエリ実行結果とは，DB Browser for SQLite において SQL 実行
　　の下にあるペインである。

(1)　「データ閲覧」では，kingaku の rowid 順に並んでいる。

(2)　クエリ実行結果では，amount の大きい順に並んでいる。

(3)　クエリ実行結果では，id の順に並んでいる。

(4)　「データ閲覧」では，id の順番はバラバラである。

(5)　「データ閲覧」では，amount の大きい順に並んでいる。

7.4　SQLite で，支店（branch）別の amount（支払金額）の合計を sum_amount という
　　カラム名にする以下の SELECT 文で，　A　 に入るコマンドを調べて答えなさい。

　　SELECT branch,　A　(amount) AS sum_amount
　　FROM invoice
　　GROUP BY branch
　　;

7.5　DB Browser for SQLite で，テーブルに加えた変更を確定する操作として，正しい
　　ものを下記から 1 つ選びなさい。

(1)　セミコロンを入力する。

(2)　実行ボタンを押す。

(3)　COMMIT を入力する。

(4)　COMMIT を実行する。

(5)　「変更を書き込み」ボタンを押す。

第 **8** 章

Python による探索的データ分析

COMPUTER & Information

培風館

新刊書・既刊書

データサイエンス応用基礎 ＝モデルカリキュラム準拠
数理人材育成協会 編　A5・264頁・3300円
モデルカリキュラムである「応用基礎」について，AI 基礎を軸とし，
データサイエンスとデータエンジニアリングに両翼を広げた構成をと
り，具体的事例を豊富に盛り込みつつ，数式や論理の展開には丁寧な
解説をつける。

データサイエンスリテラシー ＝モデルカリキュラム準拠
数理人材育成協会 編　A5・200頁・2420円
「数理・データサイエンス・AI（リテラシーレベル）モデルカリキュラム
〜データ思考の涵養」に準拠した学生および一般社会人向けの教科書・
参考書。数式や作業手順を丁寧に説明し，具体的例，また数学の基本
的な部分にも十分の紙数を使い，種々のデータサイエンス・AI 教育に
も利用できるよう配慮する。

データサイエンス講座1 データサイエンス基礎
齋藤政彦・小澤誠一・羽森茂之・南知惠子 編　A5・232頁・2420円
データを適切に読み解き，分析する力を身につけることをめざした入
門書。確率と統計，機械学習等を具体的に解説し，AI 技術の進展や応
用，最先端の話題も紹介する。データに関する法律にも言及。

リである NumPy と，データ
馴染んだ後，Python の基本
スの可視化ライブラリである
スクにつながる箱ひげ図で，

といってよい NumPy と

通り数値を扱う Python
データ分析をする際に
特に，Python でデー
機械学習の scikit-learn
では必須のライブラリ

んだ状態のオブジェク
NumPy の **ndarray**
作することを可能に
ような非構造化デー

基本を押さえておきましょ

う。数値の 2 次元配列は**行列**（matrix）ともよばれます。NumPy を読み込んで ndarray を作成する **array** 関数で 2 次元配列を作成してみます。array() の引数を角括弧 [ ] で配列にし，1 行目は [1, 2, 3]，2 行目は [4, 5, 6] とした 2 次元配列にして，それを変数 a に格納します。最後の行で a の中身を表示させます。

```
import numpy as np
a = np.array([[1, 2, 3],[4, 5, 6]])
a
```

実行結果

```
array([[1, 2, 3],
       [4, 5, 6]])
```

作成された 2 次元配列のイメージは表 8.1 の通りになります。

表 8.1　2 次元配列とその要素

要素 [0,0]	要素 [0,1]	要素 [0,2]
1	2	3
要素 [1,0]	要素 [1,1]	要素 [1,2]
4	5	6

ndarray の属性

上述の a という行列との演算で用いるために，同じ形状（shape）で各要素に等しく 10 の入った b という変数を作成します。まず，a の形状を ndarray の属性である **shape** で確認してみましょう。コードセルに a. と入力したところで，a に対して可能なメソッドや属性の一覧が表示されます。さらに，a.s と入力すると，s ではじまるメソッドや属性の一覧に絞られるので，shape を選んでオートコンプリートしましょう。ちなみに，ndarray に含まれる要素の数は，**size** で確認することができます。

```
a.shape
```

> **実行結果**
>
> $(2, 3)$

実行結果の $(2, 3)$ は，ndarray の形状が 2 行 3 列であることを示しています。それでは，**np.ones** というすべての要素に 1 が入った ndarray を作成するメソッドで，形状 $(2, 3)$ の 2 次元配列を作成します。この関数の引数には shape が必要ですので，引数に，shape を表す $(2, 3)$ を指定します。ちなみに，NumPy にはすべての要素に 0 を入れる **np.zeros** という関数もあり，同様に使うことができます。

```
b = np.ones((2,3))
b
```

> **実行結果**
>
> array([[1., 1., 1.],
>   [1., 1., 1.]])

行列の定数倍

累算代入演算子の*=を用いて，b に 10 を掛け算（乗算）したうえで b に代入します。そして，b の中身を見てみましょう。

```
b *= 10
b
```

> **実行結果**
>
> array([[10., 10., 10.],
>   [10., 10., 10.]])

このように，行列の各要素に 10 のような一定の数，つまり定数を掛けることを，行列の**定数倍**もしくはスカラー倍とよびます。スカラー数とは定数のことです。

すべての要素が 10 になったのはよいのですが，よく見るとすべての 10 の後に小数点がついています。これは np.ones のデフォルトが float 型になっているためです。最初から整数の配列にするには，np.ones((2,3), dtype = int) とします。念のために，b のデータ型を ndarray の属性である **dtype** で確認します。

```
1  b.dtype
```

> **実行結果**
>
> dtype('float64')

　浮動小数点型であることが確認できました。それでは，ndarray の型を浮動小数点型
（float）から整数型（int）に変換しましょう。変換には，ndarray のメソッドである **astype**
を用います。コードセルに b. と入力すると，オートコンプリート一覧に astype メソッド
が表示されるのでそれを選びます。dtype のような属性と異なり，astype はメソッドな
ので，丸括弧を付けて引数に int を与えましょう。

```
1  b = b.astype(int)
2  b
```

> **実行結果**
>
> array([[10, 10, 10],
>   [10, 10, 10]])

　各要素の 10 が整数となり，10 の後のピリオドがなくなりました。

行列の加算

　配列 a と b が作成できたので，2 次元配列どうしで加算してみましょう。

```
1  a + b
```

> **実行結果**
>
> array([[11, 12, 13],
>   [14, 15, 16]])

　配列どうしの加算では，同じインデックスの要素が加算されます。減算も同じです。こ
のように，行列の和と差は極めてシンプルです。それでは，乗算（と除算）についてはど
うでしょうか。行列どうしの乗算には，**積**と**要素積**の 2 つの概念が存在します。

行列の積

　行列の積は，1 次元配列でいう内積に相当します。つぎのような行列があったとします。

$$a = \begin{pmatrix} 1 & 2 & 3 \\ 4 & 5 & 6 \end{pmatrix} \qquad c = \begin{pmatrix} 7 & 8 \\ 9 & 10 \\ 11 & 12 \end{pmatrix}$$

　上記の a と c の積となる d の要素をインデックスで表してみます。

$$d = \begin{pmatrix} [0,0] & [0,1] \\ [1,0] & [1,1] \end{pmatrix}$$

　d の $[0, 0]$ の要素には，a のインデックス 0 行目の各要素と c の 0 列目の各要素を掛け合わせたものの和が入ります。同様に，$[0, 1]$ には 0 行目× 1 列目，$[1, 0]$ には 1 行目× 0 列目，$[1, 1]$ には 1 行目× 1 列目で各要素どうしを掛け合わせたものの和が入ります。NumPy の配列の積は **np.dot** で求められます。このことを以下で試してみましょう。

　配列の積を試す準備として上記の c の行列を作成しますが，せっかくなので，同じ配列で形状を変えたい場合の ndarray のメソッドである **reshape** を用いて，a から c を作ってみましょう。2 行 3 列の配列である a を 3 行 2 列に変えてから，すべての要素に 6 を加算すると c にはるはずです。では，行列 a の形状を $(2, 3)$ から $(3, 2)$ に reshape してみましょう。

```
1  c = a.reshape(3,2)
2  c
```

実行結果

```
array([[1, 2],
       [3, 4],
       [5, 6]])
```

　2 行 3 列の配列 a をが 2 行 3 列にした仮の c ができました。c の各要素に 6 を加えて上書きすれば，作成したかった c ができあがります。

```
1  c = c + 6
2  c
```

実行結果

```
array([[ 7, 8],
       [ 9, 10],
       [11, 12]])
```

これで c の行列が作成されました。準備ができたので，a と c の積をとりましょう。行列の積および 1 次元配列の内積には NumPy の **dot** 関数を使います。

```
1  d = np.dot(a, c)
2  d
```

実行結果

```
array([[ 58, 64],
       [139, 154]])
```

d は以下のような配列であることがわかりました。

$$d = \begin{pmatrix} 58 & 64 \\ 139 & 154 \end{pmatrix}$$

それでは，d の $[0, 0]$ 要素である 58 で答え合わせをしてみましょう。a の 1 行目 1, 2, 3 と，c の 1 列目 7, 9, 11 をそれぞれ乗算してそれらの和を求めます。

```
1  1*7+2*9+3*11
```

実行結果

```
58
```

仕組みがわかったでしょうか。行列で積が成立するためには，a の列数と c の行数が一致していなければならないこともわかると思います。

行列の要素積

つぎに，**要素積**についてです。要素積とは行列の和のときと同様，同じ要素どうしを掛け合わせるのでずっとシンプルです。要素積は**アダマール積**（Hadamard product）とも

よばれます。NumPy では乗算記号の * で簡単に要素積を求めることができます。

```
1  e = a * b
2  e
```

実行結果

```
array([[10, 20, 30],
       [40, 50, 60]])
```

行列 b にはすべての要素に 10 を入れていたので，結局，$a * 10$ で行列 a を定数倍したのと同じ結果になりましたが，要素積という概念は伝わったでしょうか。

ndarray の平均値

ndarray に対して，統計処理を実行してみましょう。NumPy の統計関数は各種揃っていて，配列全体に適用することも，指定した軸に適用することもできます。例えば，NumPy の関数で平均値を算出する **mean** 関数を用いてみましょう。いま作成した行列 e を使います。

$$e = \begin{pmatrix} 10 & 20 & 30 \\ 40 & 50 & 60 \end{pmatrix}$$

行列 e のすべての要素の平均値を算出します。この場合，引数は不要ですが，メソッドなので丸括弧を付けます。

```
1  e.mean()
```

実行結果

```
35.0
```

同じ mean メソッドですが，引数に行列の軸を指定する **axis =** を与えて，指定した軸に対する平均値を返しましょう。行列でいうと軸のインデックス 0 が縦方向，つまり各列について関数が適用され，軸のインデックス 1 が横方向，つまり各行について関数が適用されます。やってみましょう。

```
1  e.mean(axis = 0)
```

> **実行結果**
>
> array([25., 35., 45.])

軸を引数で axis = 0 に指定すると，縦の方向の平均値が 3 列分，1 次元配列となって表示されました。今度は，axis = 1 に指定し直して実行してみましょう。

```
1  e.mean(axis = 1)
```

> **実行結果**
>
> array([20., 50.])

軸を axis = 1 に指定したことによって，行列 e の横方向の平均値が 2 行分，1 次元配列となって表示されました。軸を指定する axis の概念は，以下に紹介するデータフレームでも同じなので，理解するようにしてください。

8.1.2　pandas

つぎに，**pandas** についてです。pandas とは panel data から付いた名前で，テーブル形状のデータの扱いを得意とするライブラリです。pandas のデータ型である**データフレーム**（DataFrame）および**シリーズ**（Series）型のオブジェクトを取り扱います。

pandas の**シリーズ**型とは，インデックスに名前を付けることができる 1 次元データの型，pandas の**データフレーム**型とは，インデックス（行），カラム（列）に名前を付けることができる 2 次元データの型のことです。

列名と行名のある縦横のテーブル形状のデータというのは，まさしくこれまで Excel で見てきた構造型データの構造です。データフレームのイメージはすでにもてていると思います。

「ライブラリの読込」（5.1.2）のところで説明したように，pandas ライブラリは通常 pd というエイリアスを付けて以下のように読み込みます。

```
1  import pandas as pd
```

Python による Excel の自動化では（6.2 節），Python で入力したデータを

pd.DataFrame でデータフレームにしたり，csv ファイルや Excel ファイルを読み込んだり書き出したりするときに，pandas モジュールを多用していたので，すでに馴染みがあるはずです。データサイエンスの分析では，pandas は必須のモジュールで，ほぼ常に pandas ライブラリを読み込んでから分析を行います。

8.2 Matplotlib による可視化

8.2.1 Matplotlib の図の構造・種類・オプション

Matplotlib は Python における可視化の基本的なライブラリです。本書で用いる可視化ライブラリの **seaborn** も Matplotlib をベースとしています。

Matplotlib は Figure と Axes という 2 つのクラスで大きな構造が決まります。**Figure** は描画の領域で，その中に，2 次元であれば x 軸と y 軸の座標により描画される個々の図である **Axes** を 1 つあるいは複数配置します。

作図の手順は以下のようになります。

(1)   Figure を作成して Axes を配置する。
(2)   どのような図にするかを指定する。
(3)   軸ラベルなどのオプションを加えていく。
(4)   画像を表示する。

まずは用いるライブラリを読み込み，pyplot モジュールの **subplot** 関数で Figure と Axes を同時に作成します。引数を入れずに実行すれば，配置される Axes の図は 1 つになります。

```
import matplotlib.pyplot as plt
plt.subplots()
```

引数を入れて，Figure の中に 2 × 2 で図を配置し，Figure size（下記では任意の数値）を指定するにはつぎのように書きます。

fig, ax = plt.subplots(2,2, figsize=(15,10))

上記で名前を付けた Figure と Axes のオブジェクトは，それぞれ fig と ax ですが，Axes オブジェクト名に図の種類のメソッドを付すことで様々な図を描画できます。例えば，ax.hist() でヒストグラム，ax.bar() で棒グラフ，ax.pie() で円グラフ，ax.scatter() で散布図といったメソッドを使うことができます。

図の種類を指定して描画できたら，オプションを設定していきます。例えば，図のタイ

トルを入れるには，

　　　　Axes オブジェクト名.set_title('自分で付けたタイトル')

とします。図を 2 × 2 で配置した場合には，例えば，1 行 1 列目の図であれば，

　　　　ax=ax[0,0]).set_title('タイトル')

とすれば，個々の図にタイトルを付けることができます。

　Matplotlib で日本語を用いるには準備が必要で，ここでは外部ライブラリをインストールし，読み込んで日本語対応にします。

```
1  !pip install japanize-matplotlib
2  import japanize_matplotlib
```

　上記のコードで日本語が表示されなければ，加えて下記の 2 行のどちらかを実行してフォントを追加すれば表示されるようになるのではないでしょうか。

```
1  plt.rcParams["font.family"] = "Hiragino Maru Gothic Pro"
2  plt.rcParams["font.family"] = "IPAexGothic"
```

　図タイトル，軸ラベルのオプションを追加して，plt.show() で図を表示します。

```
1  g = np.array([3, 4, 5, 5, 6, 7, 7, 8])
2  h = np.array([2, 4, 4, 6, 5, 5, 7, 9])
3  plt.scatter(g, h)
4  plt.title("図タイトル")
5  plt.xlabel("X軸ラベル")
6  plt.ylabel("Y軸ラベル")
7  plt.show()
```

　上記のコードによる基本の作図で散布図が表示されます（図 8.1）。

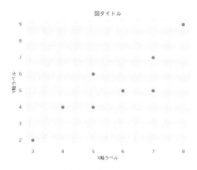

図 8.1　基本の作図による散布図

8.2.2 データの探索

ここから seaborn のペンギンデータセットを使うので，データの探索，つまりデータを知ることから始めていきます。ライブラリの読込から始めます。

```
import matplotlib.pyplot as plt
import seaborn as sns
```

そして，ペンギンデータを df というオブジェクトとして読み込み，pandas ライブラリの DataFrame クラスの **head** 関数で df がどのようなデータかを見てみましょう。

```
df = sns.load_dataset("penguins")
df.head()
```

species（種），island（島），bill_length_mm（くちばしの長さ），bill_depth_mm（くちばしの縦の長さ），flipper_length_mm（ヒレの長さ），body_mass_g（体重），sex（性別）の 7 つの列が表示されたでしょうか。

もう少しデータについて調べましょう。ペンギンの個体数，つまり行数や，欠損値の有無を知りたいので，**info** 関数を使います。

```
df.info()
```

344 行のデータであることがわかります。しかし，欠損値以外の入力値の数（Non-Null Count）がすべて 344 であるわけではないことから，データには欠損値が含まれていることがわかります。

データにはどのような種や島が含まれているのか，一意の値にして抽出してみましょう。

```
print(df["species"].unique())
print(df["island"].unique())
```

ペンギン種にはアデリー（Adelie），チンストラップ（Chinstrap），ジェンツー（Gentoo）の 3 種が，島にはトージャーセン（Torgersen），ビスコー（Biscoe），ドリーム（Dream）の 3 島が含まれていることがわかります。

以下では，matplotlib と seaborn ライブラリを使って，まずは量的変数の関係を散布図を，つぎにグループごとの値の分布を箱ひげ図で可視化していきましょう。

8.2.3　量的変数の関係の可視化：散布図

それでは，ペンギンのヒレの長さと体重の散布図を作って関係を可視化します。データフレーム型の df からカラムの値を NumPy の配列として取り出すには，pandas の DataFrame クラスの **values** メソッドを用います。Python の変数名は小文字にするのが通例ですが，ここではわかりやすく X と Y という変数名にしています。

```
1   X = df["flipper_length_mm"].values
2   Y = df["body_mass_g"].values
3   plt.scatter(X, Y)
```

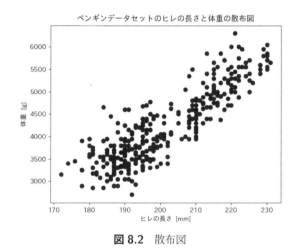

図 8.2　散布図

最小限の散布図ができましたが，ちょっと寂しいのでドットの色を変えたり，図 8.2 のようにタイトルや軸ラベルを入れたりしてみましょう。

```
1   plt.scatter(X, Y, color = "darkviolet")
2   plt.title("ペンギンデータセットのヒレの長さと体重の散布図")
3   plt.xlabel("ヒレの長さ　[mm]")
4   plt.ylabel("体重　[g]")
```

図 8.2 より，ヒレの長さが長いほど体重が重いという正の関係にあることがわかります。

色はこのように色名で表すこともできれば，16 進法のカラーコードで表すこともできます。RGB や CMYK といったカラーモデルを構成するような基本色は，以下の 1 文字で表すことも可能です。

- ・ r: 赤
- ・ g: 緑
- ・ b: 青
- ・ c: シアン
- ・ m: マゼンタ
- ・ y: 黄
- ・ k: 黒
- ・ w: 白

8.2.4 グループの比較のための可視化：箱ひげ図と棒グラフ

それでは，ペンギンデータセットの中のアデリー，チンストラップ，ジェンツーの 3 種のペンギンの特徴を探索しましょう。グループごとの特徴の比較の可視化には，箱ひげ図がよく使われます。

```
1  fig, ax = plt.subplots(2,2)
2  sns.boxplot(data=df, x="species", y="bill_length_mm",
3  ax=ax[0,0]).set_title("種別・くちばしの長さ")
4  sns.boxplot(data=df, x="species", y="bill_depth_mm",
5  ax=ax[0,1]).set_title("種別・くちばしの縦の長さ")
6  sns.boxplot(data=df, x="species", y="flipper_length_mm",
7  ax=ax[1,0]).set_title("種別・ヒレの長さ")
8  sns.boxplot(data=df, x="species", y="body_mass_g",
9  ax=ax[1,1]).set_title("種別・体重")
10 plt.tight_layout()
```

図 8.3 を見てください。箱ひげ図は，箱の真ん中の太い横線が中央値を示し，上下のボックスが 25% ずつ，その上下のひげが 25% ずつ，そして点で外れ値の候補が示されています。これを見ると，下の 2 つの図，ヒレの長さと体重の箱ひげ図から，ジェンツーはヒレが長くて体重が重いことが特徴であることがわかります。上の 2 つのくちばしの箱ひげ図からは，くちばしが縦に長いものの短いのがアデリー，くちばしが縦に太く長さもあるのがチンストラップ，くちばしが縦には細く長めなのがジェンツーであることがわかります。

これらの種は，どの島で観察されたでしょうか。棒グラフで度数を見てみましょう。

```
1  sns.catplot(df, x="island", hue="species", kind="count")
```

上記のコードでは，seaborn の **catplot** で島や種といった質的変数，すなわちカテゴリカルデータ（categorical data）の可視化をしています。観察された島について種ごとに数えて棒グラフにしています。

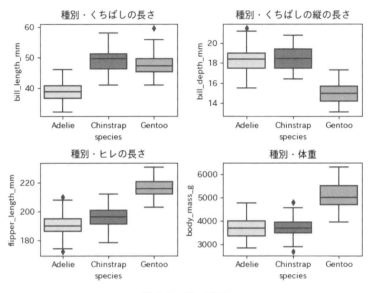

図 8.3　箱ひげ図

　　コードを実行すると，トージャーセン島ではアデリーのみが観察され，ビスコー島では
アデリーとジェンツー，ドリーム島ではアデリーとチンストラップが観察されたことがわ
かります（図 8.4）。

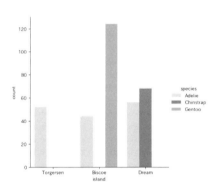

図 8.4　島別・種別度数の棒グラフ

　　今度は，ジェンツーの性別の体重分布を seaborn のカーネル密度曲線で比べてみること
にしましょう。下記のコードでは，ペンギンデータセットの入ったデータフレーム df か
ら種がジェンツーであるデータだけを取り出して df2 に格納し，そこから，平滑化を行う
カーネル密度推定（kernel density estimation）によって分布図を作成する **kdeplot** 関

数で，体重の分布をメス・オスそれぞれについて表示するように指定しています。

```
1  df2 = df[df["species"] == "Gentoo"]
2  sns.kdeplot(df2, x = "body_mass_g", hue="sex")
```

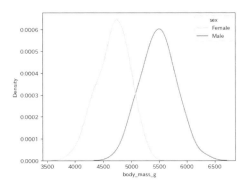

図 8.5 ジェンツーのオス・メス体重分布図

図 8.5 の分布を見ると，ジェンツーのメスとオスで体重の分布が異なることがわかります。

8.2.5 Python と SQL の連結

それでは，Python と SQLite を連携する準備として，Python を SQLite に接続してみましょう。

ドライブの Colab Notebooks の data の中に，SQL で作成した db ファイルをコピーして入れておきます。以下では，例えば，trial.db を入れています。そして，Colab の ipynb ファイルを開いて，ドライブをマウントしておきます。

Python を SQLite に接続するには，標準ライブラリに含まれている sqlite3 モジュールを読み込み，その **connect** 関数を使って，SQLite への接続を conn とします。

```
1  import sqlite3
2  import pandas as pd
3  conn = sqlite3.connect("/パス/trial.db")
```

接続が不要になったら，close で接続を必ず切っておきましょう。

```
1  conn.close
```

第 8 章の問題

■ 理解度チェック

8.1　Numpy の配列クラスを何というか。

8.2　ペンギンデータセットを読み込んだデータフレームを head メソッドで上部を表示させると，欠損値が入っているレコードがある。その行インデックスを下記から選びなさい。

(1)　インデックス 0
(2)　インデックス 1
(3)　インデックス 2
(4)　インデックス 3
(5)　インデックス 4

8.3　本章でペンギンデータセットを箱ひげ図によって可視化した結果を確認し，ペンギン種のアデリーに特徴的な特徴量として，最も適切なものを下記から 1 つ選びなさい。また，アデリーはその特徴量がどうなのか説明しなさい。

(1)　体重
(2)　ヒレの長さ
(3)　くちばしの長さ
(4)　くちばしの縦の長さ

■ 発展問題

8.4　下記の選択肢に ndarray の属性が並んでいるが，1 つだけメソッドが含まれている。それはどれか。

(1)　ndarray.shape
(2)　ndarray.astype
(3)　ndarray.size
(4)　ndarray.dtype
(5)　ndarray.ndim

8.5　seaborn で散布図を描くときに下記のようなコードを用いた。この散布図を種（species）別で色分けしたい場合，　A　に何を入れるか。

sns.scatterplot(data=df, x=X, y=Y, A ='species')

第9章

最適化の考え方を用いた分析

データアナリティクスには，統計的手法を用いる予測・分類以外に，反復計算で収束させる**最適化**という手法があります。最適化とは複数の選択肢から，与えられた条件下で，ある値を最小または最大にする結果を求めることです。ここでは，最適化の概念を，実際に手を動かしながら直感的に理解していけるように，Excel によるゴールシーク，ソルバーを紹介し，さらに Python によるソルバーと，主成分分析について言及します。

9.1 Excel における最適化

9.1.1 ゴールシーク

ここでは，Excel によるゴールシークで最適な解を探す操作を体感しましょう。ゴールシークとは，特定の目標（ゴール）を達成するために，変数やパラメータを調整するプロセスです。

シナリオは，つぎの通りです。あるスイーツを販売するのに，スイーツ 1 個あたりの食材費（原価）が 600 円とします。販売価格から原価を引いた金額が粗利で，粗利が大きいほど販売価格が高くなり，予想される販売個数が少なくなります。昨年度までのデータにより，その関係は，

スイーツ販売個数 $= 2000 - 1.1 \times$ 粗利

という線形近似（線形回帰モデル）で予測できることがわかっているとします。このとき，総売上高を 70 万円にするには，そのスイーツをいくつ作って，販売価格をいくらに設定すればよいか，その最適値を求めるというタスクです。入力はとても簡単ですので，手入力で表 9.1 のデータを作成しましょう。

リボンの「データ」，What-If 分析，ゴールシークでゴールシークウィンドウを開き，数式入力セルに売上総利益の数式を入力したセル，その目標値を 700,000 にして，変化させ

表 9.1　ゴールシーク

原価（1 個当食材費）	600
粗利（1 個当）	300
販売価格	＝ 2 つ上のセル番地 ＋ 1 つ上のセル番地
販売予測値（個数）	＝ 2000 - 1.1 × 2 つ上のセル番地
売上総利益（合計）	＝ 3 つ上のセル番地 × 1 つ上のセル番地

るセルに粗利のセルを入れて，ゴールシークをします．ゴールシークは Excel が反復計算をしてゴールに到達する様子が見て感じとれる，最適化の原型のような機能です．

9.1.2　ソ ル バ ー

　ここでは，Excel のソルバー機能について説明します．注意点として，これまに Excel でソルバーを使おうとして PC が固まってしまったケースを複数確認してきましたので，実習では無理をしないようにしてください．Excel でソルバーを利用するにはアドインが必要です．

　ゴールシークとソルバーの違いは，ソルバーでは，目的の設定と，そのために最適化するセル範囲の他に，「制約条件」を入れることができることです．

　ソルバーによって解決すべきタスクは，つぎのようなシナリオとします．みなさんは 17 人グループの旅行の幹事で，レンタカーを借りたいとします．そして，レンタカー店のホームページから得られた情報は，各車種が何人乗りかと，時間あたりの金額とします．17 人でレンタカーを借りて旅行をするのに，車種 A から車種 J まである 10 車種のどれを何台借りると金額が最も安く済むか，という問題を解決するというタスクです．

　レンタカー店のウェブサイトから得た情報に加えて，つぎのような列を追加してソルバー実施に向けたデータ整備をします（表 9.2）．まず，借りる「台数」を入れる列を作ります．最終的にこの列の最適な入力値を知りたいわけです．

　つぎに，「乗車人員数」という，借りた車種に乗車する人数を入れる列を作り，その列のセルには，何人乗り×台数の数式を入力します．最下行には合計の関数を入力します．

　そして，「金額」は支払い金額が入る列です．その列のセルには，時間あたり金額×台数の数式を入力します．こちらも列の最下行のセルに，合計の関数を入力しておきます．

　つぎに，仮の値を入力します．17 人なので，台数はとりあえず 10 人乗りを 1 台と 7 人乗りを 1 台と手入力すると，支払金額は時間あたり 10,100 円となります．いま手入力した台数を変化させて，支払金額をもっと安くすることはできるでしょうか？　ここからが，

表 9.2 Excel のソルバー

	A	B	C	D	E	F
2	店舗名	人乗り	台数	乗車人員数	時間当	金額
3	車種 A	2	0	=B3*C3	1200	=C3*E3
4	車種 B	3	0	=B4*C4	1500	=C4*E4
5	車種 C	4	0	=B5*C5	1600	=C5*E5
6	車種 D	4	0	=B6*C6	2400	=C6*E6
7	車種 E	6	0	=B7*C7	3000	=C7*E7
8	車種 F	7	1	=B8*C8	3300	=C8*E8
9	車種 G	8	0	=B9*C9	3800	=C9*E9
10	車種 H	8	0	=B10*C10	4600	=C10*E10
11	車種 I	8	0	=B11*C11	5000	=C11*E11
12	車種 J	10	1	=B12*C12	6800	=C12*E12
13	合計			=SUM(D3:D12)		=SUM(F3:F12)

ソルバーの登場です。

　ソルバーは，与えられた条件での最適解を返してくれます。目的の設定と，そのために最適化するセル範囲，そして，必要に応じて複数の制約条件を与えます。この例の場合，支払金額を最小にするために（目的），各車種の台数を最適化したい（最適化するセル範囲），ただし，乗車人数は 17 人で，台数は整数でなければならない（制約条件）とするには，以下の操作をします。

　リボンの「データ」から，ソルバーをクリックすると，「ソルバーのパラメーター」というダイアログボックスが出現するので以下の設定をします。セル番地は表 9.2 と対応しています。

(1)　「目的セルの設定」には，支払金額合計のセル (F13) を目的セルとして指定
(2)　上記の金額を一番安くしたいので，「目標値」のラジオボタンから「最小値」を選択
(3)　「変数セルの変更」で，台数のセル範囲 (C3:C12) を指定
(4)　「制約条件の対象」の欄の中をクリックして，右の「追加」ボタンをクリック

(5)　セル参照を台数のセル範囲 (C3:C12) に，それを整数（int）に指定して，追加

(6)　右の「追加」ボタンで条件の追加

(7)　セル参照を乗車人員数の合計 (D13)，それを 17 以上に指定して，「OK」

(8)　「解決」ボタンをクリック

(9)　ソルバーの結果が出たら「OK」

最適解の支払金額は 7,500 円となり，C を 3 台，A と B を 1 台ずつ借りると，最も安
く済むことがわかりました。これで Excel のソルバーを使ってタスクを解決することがで
きました。

9.2　Python による最適化

9.2.1　ソ ル バ ー

ここでは，**PuLP** ライブラリを使った Python によるソルバーを実行してみます。タ
スクは上記の Excel のソルバーと同じです。

コードでは，モデル，最適化するセル範囲，目的の設定，制約条件の順にコーディング
します。

まずは必要な PuLP ライブラリをインストールして読み込みます。

```
!pip install pulp
import pulp
```

まず，モデルを model として作成します。モデルの作成では，**LpProblem** 関数で引
数にモデル名と sense を指定します。引数の sense は，LpMinimize (最小値) あるいは
LpMaximize (最大値) です。そして，表 9.2 の Excel のソルバーと同じタスクにするた
めに，車種（car）と車種ごとの定員である「人乗り」(capacity)，1 時間あたりの「金額」
(price) をリストで入力します。

```
# モデル
model = pulp.LpProblem("rent", sense = pulp.LpMinimize)
# 車種
car = ["a", "b", "c", "d", "e", "f", "g", "h", "i", "j"]
# 人乗り
capacity = [2, 3, 4, 4, 6, 7, 8, 8, 8, 10]
# 金額
price = [1200, 1500, 1600, 2400, 3000, 3300, 3800, 4600, 5000, 6800]
```

つぎに，最適化する「台数」変数を定義します。以下の引数を指定して，LpVariable
(name, lowBound=, upBound=, cat=) により最適化によって求めたい変数を xs とし

て定義します。

- name: 変数名
- lowBound: 変数の下限値, None で − ∞
- upBound: 変数の上限値, None で ∞
- cat: 変数の種類
    - Continuous（浮動小数点数）
    - Integer（整数）
    - Binary（0, 1 の二値）

```
# 変数の定義
xs = [pulp.LpVariable("{}".format(x), cat="Integer", lowBound=0) for x in car]
```

そして目的関数と制約条件です。model +=に続けて，最小値にしたい料金（price）と台数 xs の内積を指定しています。リストの内積（dot product）は，lpDot です。LpVariable() で使用できる演算子は <=, ==, >= のみで，ここでは capacity と xs の内積が 17 人以上とします。print(model) で設定した数理モデルを表示させます。

```
# 目的関数
model += pulp.lpDot(price, xs)
# 制約条件
model += pulp.lpDot(capacity, xs) >= 17

print(model)
```

モデルができたので，ソルバーを起動させましょう。ソルバーには status = model.solve() を用いると，CBC という ソルバーを呼び出して実行してくれます。求めたかった変数の値を取得するには 変数.value() を，目的関数の最小値がどうなったかを取得するには，model.objective.value() を，それぞれ print で表示させます。

```
status = model.solve(pulp.PULP_CBC_CMD(msg=0))
print("Status", pulp.LpStatus[status])
print([x.value() for x in xs])
print(model.objective.value())
```

実行すると，車種 A を 1 台, B を 1 台, C を 3 台借りると，合計支払金額は 7,500 円になって最小値であることがわかります。もちろん，Excel のソルバーの解とも一致しています。

9.2.2　主成分分析の考え方

　ソルバーを用いて特定の値を最大値にしたり最小値にしたりする最適化の考え方を学びましたが，ここでは，分散を最大化する軸に次元を削減する**主成分分析**を体験しましょう。多次元の特徴量から目的カテゴリーを見分けるのに，最適な次元に削減するのが主成分分析です。

　Python による可視化のところでは，ペンギンのヒレの長さと体重の 2 次元散布図を描きました。そこからヒレの長さと体重が正の相関の関係にあることが見てとれました（8.2 節）。その 2 次元の分布から，3 種のペンギンを見分けやすくすることはできるでしょうか。実際には，ペンギンの種類はわかっているので，それを色分けして示します。

　下記のコードでは，seaborn の set_style で，図の全体のスタイルを選んでから（引数は，darkgrid, whitegrid, dark, white, ticks から選ぶことができます），散布図のプロットの色をペンギンの種ごとに色を定めています。ここでは，'#87CEEB' など 16 進数のカラーコードを用いています。

```
1  sns.set_style ("white")
2  color = ["#87CEEB","#2E8B57","#F4A460"]
3  sns.set_palette(color)
4  sns.scatterplot(data=df, x=X, y=Y, hue="species")
5  plt.xlabel("flipper length  [mm]")
6  plt.ylabel("body mass  [g]")
```

　実行すると，ペンギンのヒレの長さと体重の 2 次元散布図（図 9.1）から，ジェンツーとその他のペンギンをおおよそ見分けることができそうです。それでは，くちばしの縦の長さを入れて 3 次元散布図（図 9.2）にしてみるとどうでしょうか。

　つぎのコードでは，ax.set_xlabel で x 軸にラベルを付けています。軸の範囲を変えたい場合には，ax.set_xlim(170,222) とすれば，x 軸の下限と上限を設定することができま

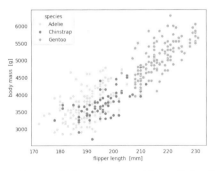

図 9.1　種ごとに色分けしたヒレの長さと体重の散布図

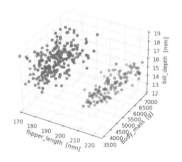

図 9.2　3 次元散布図

す。axes.scatter3D(x, y, z, c=colors) で，matplotlib の 3D scatterplot を用いた描画を
していますが，引数の c=は色を設定するオプションです。コード内でその colors 変数を
定めています。z 軸ラベルが右に行きすぎて見切れてしまい，表示範囲内に入らないため
に表示されない場合には，最後の zoom=0.8 という引数の入った行でズームアウトする
と表示されるようになります。

```
1  fig = plt.figure(figsize=(8, 6))
2  ax = fig.add_subplot(projection="3d")
3
4  x = df["flipper_length_mm"].values
5  y = df["body_mass_g"].values
6  z = df["bill_depth_mm"].values
7
8  axes = plt.axes(projection="3d")
9
10 colors = np.where(df["species"]=="Adelie","#87CEEB","-")
11 colors[df["species"]=="Chinstrap"] = "#2E8B57"
12 colors[df["species"]=="Gentoo"] = "#F4A460"
13
14 ax.set_xlabel("flipper_length  [mm]")
15 ax.set_ylabel('body_mass  [g]')
16 ax.set_zlabel('bill_depth  [mm]')
17
18 axes.scatter3D(x, y, z, c=colors)
19 ax.set_box_aspect(aspect=None, zoom=0.8)
```

　図 9.2 のような 3 次元に，さらに先の箱ひげ図による探索的データ分析により，アデ
リーとチンストラップを見分けるのには，くちばしの長さが役立つことがわかっているの
で，その軸を加えて 4 次元に，… とどんどん軸を加えていくよりも，最初からペンギン
の種類の特徴を把握しやすい成分を軸にして次元を削減できたらよいですよね。

　次元削減のイメージとしては，ヒレの長さが長いと体重が重いので，これらを異なる軸
にしておく必要性は高くありません。この 2 軸を 1 つの軸に落とし込むのに，データの分
散が最大になるような軸に削減します。図 9.3 では，分散 A の方向よりも分散 B の方向
で軸をとった方が，散らばり，つまり分散が大きいことがわかります。

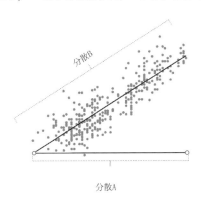

図 9.3　次元削減

　特徴量が n 列ある場合には，n 軸による n 次元の空間の中で最も分散の大きな軸が第 1 成分になります。さらに，設定した軸と直交する軸の中で分散が最も大きくなる 2 軸目を設定すると，これが第 2 成分となります。

　それでは主成分分析を行ってみましょう。主成分分析を行う前には，欠損値を処理しておかなければなりませんので，欠損値のある行を **dropna** で削除したデータフレームを df3 とします。

```
1  df3 = df.dropna()
2  df3.head()
```

　また，主成分分析を行う準備として，主成分分析に投入する変数を標準化した変数からなるデータフレームを作成します。それをここでは df4 としています。

```
1  df4 = df3.iloc[:, 2:6].apply(lambda x: (x-x.mean())/x.std(), axis=0)
2  df4.head()
```

　主成分分析を実行します。機械学習のライブラリである scikit-learn（サイキット・ラーン）と主成分分析（primary component analysis）の分析器である PCA を読み込み，df4 に対して実行します。ここでは，2 次元に落として可視化することとし，PCA 関数の引数として n_components を 2 次元に指定しています。一般には，累積寄与率が 60% を超える，あるいは固有値が 1 を下回らないところまでの成分数を指定します。

```
1  import sklearn
2  from sklearn.decomposition import PCA
3  pca = PCA(n_components=2)
4  pca.fit(df4)
5  feature = pca.transform(df4)
```

　主成分分析が実行できたので，成分得点を df5 として見てみます。成分得点とは，各ペンギンの個体のデータを 2 つの成分上で得点化したものです。

```
1  df5 = pd.DataFrame(feature, columns=["PC{}".format(x + 1) for x in range(2)])
2  df5.head()
```

　第 1 成分と第 2 成分で散布図にしてみましょう（図 9.4）。ここで，あえて種で色分けをしてみましょう。

　2 次元ながら，3 次元散布図に匹敵するほどペンギン種が見分けやすい図となりました。以上が，分散の大きくなる軸を設定して次元を削減する主成分分析です。

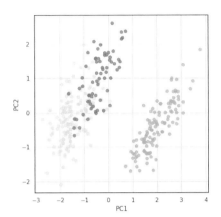

図 9.4　主成分分析による 2 次元散布図

```
1   colors = np.where(df3["species"]=="Adelie","#87CEEB","-")
2   colors[df3["species"]=="Chinstrap"] = "#2E8B57"
3   colors[df3["species"]=="Gentoo"] = "#F4A460"
4
5   plt.figure(figsize=(6, 6))
6   plt.scatter(feature[:, 0], feature[:, 1], alpha=0.8, c=colors)
7   plt.grid()
8   plt.xlabel("PC1")
9   plt.ylabel("PC2")
10  plt.show()
```

　次章からは伝統的な統計学の王道である，演繹法に基づく仮説検証の考え方によるデータ分析法について説明していきます。

第 9 章の問題

■ 理解度チェック

9.1　Excel ソルバーでは設定できるが，Excel ゴールシークでは設定できない項目として，正しいものを下記から 1 つ選びなさい。

(1)　目標を達成するうえでの制約条件
(2)　目標値
(3)　値を変化させるセル
(4)　目標値のセル番地

9.2　Excel ソルバーの「変数セルの変更」に入れるものとして，最も適切なものを下記から 1 つ選びなさい。

 (1) 値を目標に近づけたいセルのセル番地

 (2) 値を変更をするうえでの制約条件

 (3) 値を変更する目的となる指定値

 (4) 値を変更するセルの番地

 (5) 値を変更する目標としての最大・最小など

9.3　主成分分析について，最も適切でないものを下記から 1 つ選びなさい。

 (1) 主成分分析は，軸上の分散が最大になるように軸を求める。

 (2) 軸と軸は直交する。

 (3) 1 つの次元に削減できた場合，それは総合指標にふさわしい。

 (4) もともと列の数だけ次元があったものを次元削減する。

 (5) 通常，目的変数の列も投入する。

■ 発展問題

9.4　本章のソルバーに見られる「最適化」について，最も近いものを下記から 1 つ選びなさい。

 (1) システムの状態や動作を最適に近づけるシステム論の 1 つ

 (2) 一定の定義がなされた数値関数を最大値や最小値とする最適化問題

 (3) 実行時間やメモリ量を最小化するコンパイラ最適化

 (4) 検索結果で上位に表示されるようにする検索エンジン最適化

 (5) コンピュータのファイルシステムにおける断片化を解消して最適化するデフラグメンテーション

9.5　本章の Python によるソルバーのコードを実行しなさい。実行結果はどのように出力されるか。

第10章

統計的推定と仮説検定

　データ分析に向けて，ここまで分析準備のためのデータの整備やデータ探索のための可視化について学んできました。データ分析のタスクには，最適化や予測などがあり，前章では最適化にふれました。ここから予測を中心とするタスクの説明に入ります。統計が多用されているので，分析の実践に必要な最低限の統計の知識があると役立ちます。統計は統計でまとまった書物でじっくり理解すべきことなので，統計学に興味をもった人は系統的に学んで欲しいところではありますが，本書では最低限の知識を紹介したいと思います。

10.1　仮説に関する用語

　仮説（hypothesis）とは，命題（proposition）を操作化（operationalization）した1つの文です。命題とは，因果関係を表す1つの文で，因果関係を明らかにすることにより，社会科学では問題 y を解決するための要因 x，市場調査では行動特性や嗜好 y をもつ顧客の属性 x を知ることができます。つまり，命題は問題解決や他者理解のために設定するものです。「犯罪をなくそう」だけで犯罪がなくなればよいのですが，どうすれば犯罪を減少させることができるのか，要因を考えるために問題解決志向の仮説を立てます。また，「この商品を PR する」ために潤沢な予算で PR を打てればよいのですが，なかなかそうもいきません。誰に向けてどのような PR を打つのが効果的なのかを理解するためにターゲット層に関する仮説を立てます。

　操作化とは，検証可能にすること，つまり概念を測定可能な変数にすることです。説明概念は説明変数となり，被説明概念は被説明変数となります。前者は記号で x，後者は記号で y と表すのが通例です。

　仮説検証は，変数 x で変数 y を説明することを目的としています。別の言い方をすると，変数 x と変数 y の間の因果関係の統計的有意性を検証します。記号 y で表記される**目的変数**（outcome variable）または**従属変数**（dependent variable）の値の変動を，記号 x

で表記される**説明変数**（explanatory variable）または**独立変数**（independent variable）で説明できるかを検証します。

- x: 仮説において原因となる方の変数で，独立変数または説明変数とよばれる。
- y: 仮説において結果となる方の変数で，独立変数が与えられたときにその値に従属して値が動くので従属変数とよばれる。または，説明変数が説明しようとする目的であるので目的変数とよばれる。

10.2 質的変数を含む変数の関係

本節では，2 つの変数の関係の中でも，xy の両方または片方が質的データである場合について，統計の基礎的な部分を抜粋して説明します。

データの種類のところで，変数には量的データ（値の数値が四則演算可能なもの）と質的データ（値の数値がカテゴリーに対応しているもの）があることを学びました（1.3.2）。データに対してどのような分析法を用いるかはデータの種類によって異なることは，仮説検証でも機械学習でも同じです。

xy が 2 つとも質的変数の場合は**クロス集計表**，x が質的変数，y が量的変数の場合は**平均の比較**になります。

独立変数が量的変数で，従属変数が質的変数の場合は，**ロジスティック回帰**やそれを応用した**多項ロジスティック回帰**などがあります（11.3.3）。

10.2.1 Excel で考えるカイ二乗検定

xy が 2 つとも質的変数で，それぞれが行と列を構成している表を**クロス集計表**といいます。クロス集計表から x と y に関係があるかどうかを検定するにはいくつかの方法があり，例えば，**カイ二乗検定**（χ^2 検定）がその 1 つです。ここでは，χ^2 の意味を，Excel での操作を通じて理解しましょう。

レンタカーとしてレンタルされる車種は都市によって異なるか？ という問いがあったとします。各都市におけるレンタカーが数ある中で（**母集団**），自社で把握しているレンタカーのデータをサンプル（**標本**）だと考えると，これは統計的推測の問題です。**統計的推測**とは，標本から母集団を推測することです。

たとえ都市によってレンタル車種が異ならないとしても，取得したデータ上ではレンタル車種の割合がどれもぴったり一致するなどということは珍しく，誤差により割合の異なるデータになります。データに見られる差はサンプルの抽出上たまたま生じた誤差の範囲内なのか，それとも母集団で都市によって割合が異なるために生じた差なのかについて統計的推定を行い，理論的標本分布を用いて，「レンタルされる車種は都市によって異なら

ない」という帰無仮説が棄却されるかどうかを検定します。**帰無仮説**とは，関係がないという仮説です。帰無仮説を棄却することによって，xy に関係があるとする対立仮説を採択することができます。

それでは，実際のクロス集計である観測度数表を作りましょう。つぎに，xy に関連がなかった場合に期待される表，つまり帰無仮説が正しい場合の表である期待度数表を作ります。各行の合計列と各列の合計行の値を**周辺度数**（表 10.1 のグレー部分）といいますが，各セルの値が周辺度数の比率で分布しているのが期待度数表です。この例でいえば，どの都市であってもレンタルされる車種の比率は変わらない（合計欄の比率と同じ）と考えるのです。期待度数表は，各セルの期待度数を以下のように作成します。

$$i\,\text{行目}\,j\,\text{列目のセルの期待度数} = N \times \frac{\text{行}\,i\,\text{の計}}{N} \times \frac{\text{列}\,j\,\text{の計}}{N}$$

N: 全個数
ハット (^): 期待値
f: 度数（frequency）
i: i 行目
j: j 列目

表 10.1 クロス集計表と周辺度数

	車種 A	車種 B	合計
支社 1	f_{11}	f_{12}	$f_{1\cdot}$
支社 2	f_{21}	f_{22}	$f_{2\cdot}$
支社 3	f_{31}	f_{32}	$f_{3\cdot}$
合計	$f_{\cdot 1}$	$f_{\cdot 2}$	N

$\hat{f}_{ij}$ つまり i 行目 j 列目のセルの期待度数は，つぎの数式で表すことができます。

$$\hat{f}_{ij} = \frac{f_{i\cdot} f_{\cdot j}}{N}$$

それでは，観測度数表の観測値は，期待度数表からどの程度離れているでしょうか？ 各観測度数の期待度数からの差をただ足してしまうと，プラスマイナスが相殺されてゼロになってしまいます。

$$\sum_{i=1}^{R} \sum_{j=1}^{C} (\hat{f}_{ij} - f_{ij}) = 0$$

$\sum$: 大文字シグマ，記号の下（ex. $i=1$ 行目）から上（ex. R 行目）までの総計
R: 行（row）の数
C: 列（column）の数

　よって，差を二乗します。それを期待値で割って単位の大きさの調整をしたものを，表のすべてのセルについて合計します。

$$\chi^2 = \sum_{i=1}^{R} \sum_{j=1}^{C} \frac{(\hat{f}_{ij} - f_{ij})^2}{\hat{f}_{ij}}$$

この値をカイ二乗値（χ^2）とよび，その分布は自由度 df（degrees of freedom）によって異なります（図 10.1）。

クロス集計表の df: $(R\text{-}1) \times (C\text{-}1)$

計算式からもわかるように，同じ自由度であれば，この値が大きいほど期待度数から観測度数がずれていることを示します。

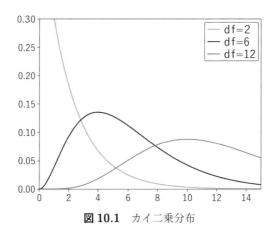

図 10.1　カイ二乗分布

10.2.2　仮説検証の考え方

　χ^2 が大きいほど，帰無仮説が正しい確率が減ります。しかし，どんなに大きい値だからといって，理論上はその値が絶対にあり得ないとはいえません。そこで，ある程度あり得ないといえる場合には帰無仮説を棄却して，xy に関係があるとする**対立仮説**を採択してよいと考えるのが**統計的検定**の考え方です。

　帰無仮説を棄却する水準を**有意水準**といい分析者が設定します。有意水準 α は 0.05 や

0.01 などキリのよい値に定めます。帰無仮説が正しい場合に，自分の標本から得た検定統計量の値よりも起こりにくい値が生起する確率である p 値（**有意確率**）と α を比べて，$p < \alpha$ の場合に帰無仮説を棄却します。まずは，この伝統的な統計学の考え方を理解することが肝要です。

　Excel でも χ^2 値を計算し，そこから **CHISQ.DIST.RT** 関数を使ってカイ二乗分布でその χ^2 値より大きな値をとる確率，つまり右片側面積（right tail）を求めることができます。また，**CHISQ.TEST** 関数を使って χ^2 検定による p 値を算出することができます。

　$p \geqq \alpha$ の場合には，帰無仮説は棄却できません。この結果は，例えば，つぎのように解釈されます。「支店と車種のクロス集計表で χ^2 検定を行ったところ，χ^2=13.89，df=12，p=0.308 であった。よって，支店と車種 A〜C がレンタルされる頻度には，統計的に有意な関係があるとはいえない。」

　このように，検定というのは操作自体は簡単で，統計ソフトなどを使えばもっと簡単です。みなさんが知っておかなければならないのはむしろ分析の意味と，どういうときに使うか，そして使ってはいけないかです。χ^2 検定も使わない方がよい状況というのがあって，期待度数が 5 未満のセルが 20 ％以上か，最小期待度数が 1 未満のセルがあるときは，χ^2 検定は行わないことになっています。ソフトによっては確認メッセージが表示されるので，上の基準に照らして確認してください。

10.2.3　分散，標準偏差，Z 得点（標準化）

　量的変数の統計的推定の話をわかりやすくするために，量的データに関する 3 つの分布を分けて考えます。

- ・第 1 の分布: 母集団の分布
- ・第 2 の分布: 標本の値の分布
- ・第 3 の分布: 統計量の確率分布（標本分布）

　簡単なイメージで表しましょう。図 10.2 では，最も簡単な統計量であり，しかし**中心極限定理**につながる重要な統計量でもある平均値の例で図示しています。

　第 1 の分布は，分析者が知りたい分布です。図 10.2 では第 1 の分布の曲線の中に y_i を散らして示しているように，この分布は個々の y のデータである y_i のすべての値で構成されています。しかし，y の真の平均値 μ_y（ミュー）がわかりません。この μ のように，分析者が分析によって知りたい母集団の特徴を示す母数を**パラメータ**といいます。母集団の全数を調べる全数調査は叶わないことが多いので，標本調査をして，母集団から標本として抽出したデータからパラメータを推定します。それが統計的推定の目的です。

　第 2 の分布は，その目的を達成するために分析者が抽出したデータ数 N の 1 つの標本

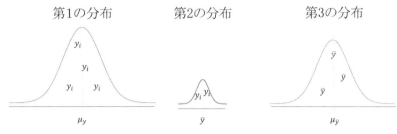

図 10.2　3 つに分けて考える分布

です。この分布も個々の y のデータである y_i で構成されています。しかし，たまたま標本として抽出された一部の y_i のみが含まれます。第 2 の分布の平均値が，分析者が観察することができる平均値 $\bar{y}$ です。

　第 3 の分布は，母集団からありとあらゆる組み合わせで大きさ N の標本を抽出して，その 1 つ 1 つの標本から統計量（この場合，平均値 $\bar{y}$）を算出したとして，その統計量の理論的分布です。図 10.2 では，分布の曲線の中に $\bar{y}$ が入っています。分布を構成するデータの単位は標本（個々の標本の $\bar{y}$）なので**標本分布**とよばれます。第 1 の分布が分析者にはわからないように，そこから取り出したありとあらゆるサイズ N の標本分布もわからない分布なので，これも第 1 の分布のように理論的な確率分布を利用して推測します。この分布の平均値はすべての $\bar{y}$ の真の平均値である $\mu_{\bar{y}}$ です。μ_y と $\mu_{\bar{y}}$ との関係については，中心極限定理のところで説明します（10.2.4）。

　なお，χ^2 検定で利用した χ^2 分布は，χ^2 値という統計量の理論的な確率分布なので，第 3 の確率分布の 1 つです。

　さて，図 10.2 で示したのは，正規分布という左右対称の釣り鐘型の分布です。**正規分布**は，2 つの特徴で表すことができます。全体の値を代表する値である**代表値**と，代表値から値がどのくらい離れて分布しているかという値である**変動**です。一般に，量的データの代表値は**平均値**，変動は**標準偏差**（またはそれを二乗した値である**分散**）で把握します。

　まず，統計的推測をする必要のない全数調査のデータで，量的変数の値の変動（散らばり）の大きさを表す 2 つの記述統計量，**分散** (variance) と**標準偏差** (standard deviation) を考えてみましょう。こんな疑問があったとします。「今年は若い人から高齢者までうちのサービスを利用してくれて，去年より年齢のばらつきが大きくなった気がする。この感覚は本当かな？」この疑問を確かめるタスクを言い換えると，第 1 の分布の値の変動の大きさを統計量で把握して昨年度の値と比較するタスクです。年齢の高い人は平均値から上方に離れている，年齢の低い人は平均から下方に離れていて，そういった平均との差を**偏差**といいます。ばらつきが大きいということは，偏差の絶対値が全体的に大きいという

ことです。つまり平均的な偏差を知りたいのですが，上方と下方の偏差はプラスマイナスが相殺されて，ただ足してしまうとゼロになってしまうので，二乗して平均にします。それが分散で，特に全数データの場合の分散を**標本分散**といいます。標本分散 s^2 とは，偏差平方和を N で割ったものです。

$$s^2 = \frac{\sum (y_i - \bar{y})^2}{N}$$

　Excel では **VAR.P** が標本分散の関数です。VAR.P の P は母集団 (population) の P で，全数データ（データ自体が母集団）のときの分散はこれを選びます。分散はばらつきが大きいほど大きな値になりますが，ただし，計算過程で二乗しているので，「平均からの標準的な偏差」というには大きすぎる値になっています。

　そこで，平均からの標準的な偏差となるように，分散にルートを掛けて元の大きさに戻します。この値が，標準偏差で，平均からの標準的な偏差を示す統計量です。つまり，次式のように，標準偏差 s は分散 s^2 の平方根です。Excel では **STDEV.P** 関数で求めることができます。

$$s = \sqrt{s^2}$$

　上記に統計的推定の考え方を加えましょう。第 2 の分布（1 つの標本）から第 1 の分布（母集団）の分散を推定する場合，それを**不偏分散**といって，偏差平方和を N ではなくて自由度 $N-1$ で割ります。

$$s^2 = \frac{\sum (y_i - \bar{y})^2}{N-1}$$

　Excel の統計関数の **VAR.S** 関数がこれにあたります。それを平方根にしたのが **STDEV.S** 関数です。この S は**標本**（sample）の S です。データが標本で，知りたいのが標本（第 2 の分布）自体の分散・標準偏差ではなく，抽出元の母集団の分散・標準偏差の推定値（第 1 の分布のパラメータ）であるときには，こちらを選びます。

　統計の主目的の 1 つはパラメータを推定することといっても過言ではありません。サンプルから知りたいのは第 1 の分布を特徴づける値である，母平均 μ と母分散 σ^2 および母標準偏差 σ（小文字のシグマ）というパラメータです。その場合は，VAR.S 関数の不偏分散，その平方根である STDEV.S 関数を使って推定します。つまり，ふつう使われるのはこちらなので，STDEV は STDEV.S と同じです。

　つぎのタスクです。会社で上司と雑談していたところ，上司の甥っ子の 25 歳の高橋蓮くんはこのあいだ，この会社のサービスを利用したそうです。「甥っ子の蓮は，うちのサービス利用者の中でどれぐらい若い方なのかなぁ。」と上司は首をひねっています。どうやって答えればよいでしょうか。

　ある顧客が分布の中でどの位置にいるのか，異なる分布の中での個別ケースの位置を把握するには，平均値も標準偏差も違う科目の得点を比べるときに使う**偏差値**のもとになっている統計量を使います。それが**標準得点**（z, **Z 得点**）です。異なる分布を，平均が 0，標準偏差が 1 になるように調整することが標準化で，標準化した中の各データの位置を表すのが標準得点です。

$$z = \frac{y_i - \bar{y}}{s}$$

　標準化（standardize）とは，標準得点 z に変換することを意味します。正規分布を標準化したものが標準正規分布です（図 10.3）。

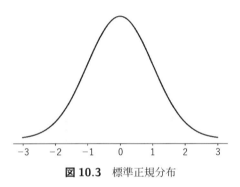

図 10.3　標準正規分布

　上の例では，上司に z，または，その平均を 50，標準偏差を 10 に変換した偏差値で回答します。偏差値の 50 点を 0 に，10 点の間隔を 1 にしたものが z だと考えれば，イメージが容易ですね。Excel では，**STANDARDIZE** 関数で標準得点に変換することができます。

10.2.4　中心極限定理（CLT）

　ここでは，**中心極限定理**（CLT: central limit theorem）と**信頼区間**（CI: confidence interval）について説明します。中心極限定理によると，ありとあらゆる $\bar{y}$ の分布である第 3 の分布は，一定の特徴をもった正規分布になります。

　平均値の第 3 の分布を考えてみましょう。第 2 の分布である標本の平均 $\bar{y}$ と分散 s_y^2 から第 1 の分布である母集団のパラメータである母平均 μ_y と母分散 σ_y^2 を推定しようとしているとき，分析者が見ているのは，母集団からたまたま得たサイズ N の標本 1 つに過ぎません。同じ母集団からサイズ N の標本をあらゆる組み合わせで抽出したとして，そのそれぞれから平均 $\bar{y}$ を算出したこの $\bar{y}$ の分布が，第 3 の分布です。母集団の分布がわ

からないのですから，そこから抽出した同じサイズのありとあらゆる標本の平均値の分布は理論的な確率分布です。この確率分布が中心極限定理に従うことが知られています。

この第 3 の分布の標準偏差 $\sigma_{\bar{y}}$ は $\bar{y}$（第 2 の分布である標本の平均値で μ_y の推定値）の μ_y（母平均：第 1 の分布である母集団の真の平均値）からの標準的な誤差であることから**標準誤差**とよばれます。

中心極限定理によれば，平均値 μ_y，標準偏差 σ_y の母集団から，大きさ N の無作為標本を抽出すると，N が大きくなるにつれ，第 1 の分布の形がどうであろうと，標本平均の標本分布は正規分布に近づき，つぎのようになります

- 第 3 の分布の平均 $\mu_{\bar{y}}$ は，第 1 の分布の母平均 μ_y に近づく。
- 第 3 の分布の標準偏差である標準誤差 $\sigma_{\bar{y}}$ は第 1 の分布の標準偏差を $\sqrt{N}$ で割った $\frac{\sigma_y}{\sqrt{N}}$ に近づく。

第 2 の分布の Z 得点が

$$z_i = \frac{y_i - \bar{y}}{s}$$

と計算できるように，第 1 の分布の z は次式のように計算できます。

$$z_i = \frac{y_i - \mu}{\sigma}$$

第 3 の分布の z は次式で表されます。

$$z_{\bar{y}} = \frac{\bar{y} - \mu}{\sigma / \sqrt{N}}$$

信頼区間とは，t 分布などを使って，変数 y の母平均である μ_y などの母集団のパラメータを区間推定をするものです。

母平均 μ の 95% の信頼区間を，第 3 の分布の正規分布の 95% の面積（確率）の Z 得点をもとに推定したいのですが，問題は母分散 σ もわからないことです。そこで，ここに s を代入する t 値とその確率分布である t 分布を用いることにします。

t 分布は自由度 $(N-1)$ によって形が変わり，自由度が大きくなるほど標準正規分布に近づきます（図 10.4）。

$$t = \frac{\bar{y} - \mu}{s / \sqrt{N}}$$

母平均 μ の信頼区間は次式で表されます。

$$\bar{y} - t \times s / \sqrt{N} \leqq \mu \leqq \bar{y} + t \times s / \sqrt{N}$$

95% の信頼区間であれば，真の μ はサンプルの $\bar{y}$ から t 分布の 95% の範囲の区間です。つまり，μ の点推定値である $\bar{y}$ の両側に，t 分布の両側 2.5% ずつを切りとる t 値に，そのデータの t 分布における 1 標準偏差分を掛けた区間をとって区間推定としています。

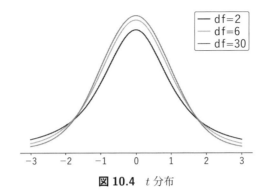

図 10.4　t 分布

10.2.5　平均の差と信頼区間

　統計的推定という考え方を学ぶと，つぎのような疑問が浮かびます。「カードの利用回数の支店間の違いは，誤差範囲かな？　それとも統計的に有意かな？」x が支店で y がカード利用回数という平均の比較の例で考えてみましょう。平均値を信頼区間付き棒グラフで比べてみます。

　ピボットテーブルを作ったら平均と標準偏差の値だけコピーして N, $\sqrt{N}$, $\frac{s}{\sqrt{N}} \times t_{\alpha/2}$ の列を作ります。$t_{\alpha/2}$ というのは，95% の信頼区間であれば，$\alpha/2$ は残り 5% の半分である 2.5% ずつを両側から切り取る範囲を表しています。確認のために，LCI（信頼区間下限値）と UCI（信頼区間上限値）の列も作っておくとよいでしょう。

　棒グラフを作ったら，棒グラフ全体の幅や色を好きにカスタマイズし，信頼区間に $\frac{s}{\sqrt{N}} \times t_{\alpha/2}$ の範囲を指定すれば，95% 信頼区間付き棒グラフ（図 10.5）が完成です。

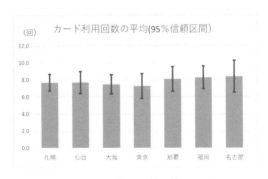

図 10.5　信頼区間付き棒グラフ

10.2.6 Python による記述統計

ここでは，Python によるデータ分析として，標準偏差を含む**基本統計量**と，*t* 検定を紹介します。

1 つの変数の値の分布を把握する方法には，度数分布表や箱ひげ図，ヒストグラムといった図表で可視化する方法と，統計量で要約する方法があります。要約のための基本的な統計量が基本統計量です。これを Python で出力してみましょう。特設サイトでは実習として kingaku.csv を用いて，下記のコードを実行できるようにしています。実習でファイルを用いるため，csv ファイルを data ディレクトリに入れて，ドライブをマウントします。pandas の **read_csv** 関数で csv ファイルを読み込み，df5 というデータフレームに格納します。データフレームクラスのメソッドである **describe** で基本統計量を表示させます。

```
1  import pandas as pd
2  df5 = pd.read_csv("/パス/kingaku.csv")
3  df5.describe()
```

	year	month	payment
count	200.0	200.000000	200.000000
mean	2022.0	6.615000	49713.535000
std	0.0	3.656999	28521.970393
min	2022.0	1.000000	122.000000
25%	2022.0	3.000000	26723.500000
50%	2022.0	7.000000	51411.500000
75%	2022.0	10.000000	73133.000000
max	2022.0	12.000000	99838.000000

図 10.6 基本統計量

図 10.6 のように，上から，N（count），平均値（mean），標準偏差（std），最小値（min），第 1 四分位数（25%），中央値（50%），第 3 四分位数（75%），最大値（max）が表示されたら成功です。year や month の基本統計量は無意味なので，payment の分散を表示してみましょう。分散はすでに図 10.6 に表示されている標準偏差を二乗すればよいだけですが，コードで表示してみましょう。

```
1  df5["payment"].var()
```

> 実行結果
>
>   813502795.1143467

　このように，小数点以下の桁数が多く表示されたとしても，小数点以下の位置が深い部分の数値は意味がないので，報告時にはそもそもの測定値に小数点以下桁数が 1 つ多いところまで丸めます。

10.2.7　Python による母平均の差の検定

　つぎに，統計でよく用いられる母平均の差の検定を実施してみましょう。札幌と仙台では，payment の母平均に 5% の有意水準で差があるといえるかについて，t 検定で調べます。実はもう，その結果は図 10.5 の棒グラフからわかっています。札幌と仙台 95% 信頼区間の範囲は被っているので，5% 水準で統計的に有意な差があるとはいえないことがわかるのです。もし 2 つの信頼区間の間に隙間が見られると，統計的に有意な平均の差があるということです。それを Python の t 検定で確かめてみましょう。t 検定の前には，等分散の検定を行います。pandas の他に scipy.stats を読み込んで，**Levene** 検定を実施しましょう。

```
import scipy.stats as stats
import pandas as pd
spr_pay = df5[df5["branch"] == "SPR"]["payment"]
snd_pay = df5[df5["branch"] == "SND"]["payment"]
var_result = stats.levene(spr_pay, snd_pay)
print(var_result)
```

> 実行結果
>
>   LeveneResult(statistic=0.4433158541264204, pvalue=0.5079960809764255)

　Levene 検定で分散の差は統計的に有意ではなかったので（$p = 0.508 > \alpha = 0.05$），スチューデントの t 検定を実施します。独立したサンプルの母平均の差の検定です。母平均の差の検定の場合，自由度（df）は $N1 + N2 - 2$ になります。

```
t_result = stats.ttest_ind(spr_pay, snd_pay)
print(t_result)
```

実行結果

TtestResult(statistic=-0.6839332969102802, pvalue=0.4965656797707201, df=62.0)

　母平均の差の検定を t 検定により実施した結果, $t = -0.684$, $df = 62$, $p = 0.497$ で, 札幌と仙台の支払金額には, 統計的に有意な差があるとはいえないことがわかります。

　以上のように, Python で母平均の差の検定を行うには, **scipy** ライブラリの **stats** モジュール中の, 独立したサンプルの t テスト, **ttest_ind** 関数を用いて実行できます。ちなみに, scipy.stats.ttest_ind には equal_var という引数があり, 等分散がデフォルトとなっています。もし等分散でなかった場合には, 引数で equal_var=False を指定すれば, Welch の t 検定になります。

10.3 量的変数の関係

　本節は, xy がともに量的変数である場合についてです。まず, 散布図で可視化して関係を確かめます。x と y に直線的な関係 (x が大きいほど y が大きくなるなど) が認められたとして, その関係をどのような統計量や数式に表すかを学んでいきます。予測でよく用いられる統計手法の 1 つである回帰分析の基本を理解しましょう。

10.3.1 Excel による散布図とバブルチャート

　xy がともに量的変数であれば, x 軸でも y 軸でも物差し (scale) 上のどの位置の値もとり得るので, 1 つのデータは点 (プロット) で示されることになります (図 10.7)。そこで, 量的データの 2 変数の関係を可視化するのは散布図となります。なお, 特設サイトでは Excel のバブルチャートの作り方も見せていますが, PC によってはバブルチャートで固まってしまったりすることも過去にはあったので, バブルチャートを試す前には, 必

図 10.7 2 つの量的変数の関係

ずファイルを保存またはバックアップをとっておきます。

　年齢とカード利用回数は関係があるかを探索するとしましょう。散布図では，その横軸 x も縦軸 y も量的データになり，x が独立変数または説明変数，y が従属変数または目的変数ですが，この場合，年齢によってカードの利用回数は変わるかもしれませんが，カードの利用回数によって年齢は変わらないので，x 軸が年齢，y 軸がカード利用回数となります。

　Excel では散布図にしたい列，例えば，年齢とカードの列を選び，リボン「挿入」のグラフから散布図を選びます。Excel は自動的に左側にある列を x 軸としますが，どちらの列を x 軸，y 軸にするかは切り替えられます。探索のための可視化では，データの特徴を視覚的に確認します。

　第 1 に，まず全体に右上がりや右下がりなどのパターンのある分布になっているかどうかです。図 10.8 のように，右上がりの分布は正の関係，右下がりの分布は負の関係，xy に関係のない場合は，y の平均値（x 軸に平行な水平線）を中心に値が分散しているプロットになるでしょう。関係が直線的でない場合もあります。

図 10.8　散布図と正負の相関

　第 2 に，年齢は 18 歳以上しかデータにないといったことも確かめます。Excel では，x 軸の最小値を設定することができます。

　第 3 に，外れ値を確認します。ほとんどのプロットがランダムに分布しているのに，外れ値（図 10.9 の右上の点）によって，まるで右上がりの正の関係があるかのような統計量が出てしまうことがあるからです。悪い場合には，この外れ値は異常値ですらなく，データクリーニングの不足による誤ったデータである場合もあります。そこで，分析をする前に可視化をしてデータを確かめておくことが大切です。なお，この 1 点を外れ値として分析から外すかどうかは分析者の判断で，外す場合にはそれを記しておきます。

　Excel の散布図では，個々のプロットがどれかを調べることができます。それを確かめるには，まずデータラベルを付けます。データラベルはデフォルトで y の値が入るので，ラベルオプションで y 値のチェックを外して，セルの値にチェックを入れ，例えば，範囲に氏名のセル範囲を指定すれば，外れた値の個人を特定できます。

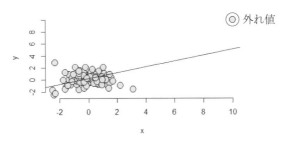

図 10.9 外れ値による見え方

　バブルチャートは散布図にさらに変数を加えることができます。例えば，3 つ目の変数を金額を示す Amount にすれば，支払金額との関係が読み取れるようになります。グラフの種類からバブルチャートを選ぶと，データのバブルサイズがすべて 1 になるので消去して，Amount のセル範囲を入れます。バブルの大きさは，バブルのどこでもよいのでクリックをして書式設定から調節できます。

10.3.2　相　　関

　xy に正・負の関係があるかどうかは，どのような統計量で把握すればよいでしょうか？x の偏差 × y の偏差という積を考えてみましょう。

$$(x_i - \bar{x}) \times (y_i - \bar{y})$$

　散布図を平均値を中心とした上下左右の 4 つの区画に分けてみると，右上がりの正の関係のときには上式が正になる，つまり左下と右上の区画に入るプロットが多く，右下がりの負の関係のときには上式が負になる，つまり左上と右下の区画に入るプロットが多くなります。その平均，つまり総計して n で割った s_{xy} を**共分散**といい，これが正の値のときには正の関係，負の値のときには負の関係を示します。ただ，値の大きさは測定単位の大きさに依存するので，共分散は関係性の大きさを判断するのには不向きです。

$$s_{xy} = \frac{\sum (x_i - \bar{x}) \times (y_i - \bar{y})}{n} = \frac{偏差の積の総和}{個数}$$

　そこで，単位の大きさを調整するのに，標準偏差で割って比較可能にします。共分散を x の標準偏差と y の標準偏差で割ってみましょう。そうすれば関連性の大きさを比べることができます。

$$r = \frac{s_{xy}}{s_x s_y}$$

　この r がピアソンの相関係数 r で，2 つの量的変数の関係を示すのに多用される統計量です。

　Excel では **COVARIANCE.S** 関数などが**共分散** (covariance)，**CORREL** 関数が**相関**（correlation）です。COVARIANCE.S は標本の共分散から母集団の共分散を推定する不偏共分散で，前述の数式の分母が n ではなく，$n-1$ となります。

10.3.3　線 形 回 帰

　x が大きいほど y が大きくなる正の相関，x が大きいほど y が小さくなる負の相関に見られるように，x と y に直線的な関係があるとき，最小二乗法でプロットの中心を通る線を引いたものを回帰直線といいます。このように，y を x に回帰させるのに直線を使うモデルを，**線形回帰モデル**（linear regression model）といいます。その直線を表す数式を**回帰式**といいます。

- ・標本回帰式: $y_i = b_0 + b_1 x_{1i} + e_i$
- ・標本予測回帰モデル: $\hat{y}_i = b_0 + b_1 x_{1i}$
- ・母回帰式: $y_i = \beta_0 + \beta_1 x_{1i} + \varepsilon_i$
- ・線形重回帰モデル: $\hat{y}_i = \beta_0 + \beta_1 x_{1i} + \beta_2 x_{2i} + \beta_3 x_{3i} + \cdots + \beta_n x_{ni}$

　標本回帰式は，データの i ケース目のプロット位置を表しています。最後の e_i は，回帰直線から予測される予測値からのケース i のズレ（残差）を表しています。

　標本予測回帰モデルは，標本上の回帰式の直線を表しています。ハット（＾）の記号は予測値を表します。b_0 が切片，b_1 が傾きで，この b_1 を回帰係数といいます。回帰係数は，x が 1 単位増加するごとに y がどれくらい増加するかを表すもので，回帰分析により分析者が標本から知りたいのは詰まるところ，母集団における回帰係数だといえます。回帰式の場合，回帰係数が標本からの推定によって知りたいパラメータです。

　母回帰式における係数 β_0，β_1 は母集団におけるパラメータを表し，標本から計算される b_0 を β_0 の推定値，b_1 を β_1 の推定値とします。

　ちなみに，回帰分析を行うときには，x を複数投入する重回帰分析を行うことが一般的です。その場合には，複数の x（上述の場合 n 個）が投入されます。

　Excel で回帰直線を作り，回帰式と R^2 を確認するには，グラフをクリックして（Windows）＋ プラス印；（Mac）グラフ要素の追加（図 3.2）から，近似曲線，近似曲線のオプションを「線形」にします。書式設定で R^2 を表示させます。

　R^2 は**決定係数**といい，変数の分散のうち説明できる割合です。決定係数 $R^2 = 0.0649$ ということは，x によって説明できる y のばらつきが全体の 6.5% だという意味です。極端な話，仮に各点が回帰線の上にぴったり載っていたとしたら，x によって y の値のばら

図 10.10 Excel のデータ分析

つきをすべて説明できたということになり，その場合，決定係数は 1.00（100%）となるわけです。単回帰分析の場合の決定係数 R^2 は，ピアソンの相関係数 r の二乗となります。

それぞれの近似曲線の数式がどうなっているかも，グラフに数式を表示するにチェックを入れて確認することができます。

回帰係数 b_1 は β_1 の推定値ですが，t 分布による，β_1 の 95% 信頼区間に 0 が含まれれば，有意水準 $\alpha=0.05$ で回帰係数（傾き）は統計的に有意とはいえず，$\beta_1 = 0$ という帰無仮説は棄却できません。

t 検定や回帰分析のように，よく使われる統計的な検定を Excel で実行するには分析ツールがあり，アドインすると，リボンの「データ」に分析ツールが出現します（図 10.10）。本書では Python による統計分析の方法を紹介します。

10.3.4 Python による相関

ここでは，SQL で作成した invoice というテーブルを Python で読み込んで，その amount と dollar の相関を算出してみましょう。dollar は円建ての amount をドル換算しただけですから，結果は限りなく 1 に近くなるはずです。実質同じものなのだから，相関係数 $r = 1$ になってもよさそうなものなのに… と思うかもしれませんが，コンピュータにも限界というものがあります。浮動小数点型の数値はコンピュータ内部では 2 進数で扱われていますが，その桁数は当然有限なので，丸められて近似値となっているのです。そこで，浮動小数点数の誤差が生じて，相関係数はぴったり 1 にはなりません。それではやってみましょう。準備として，ドライブの Colab Notebooks の data の中に，SQL で作成した trial.db をコピーして入れておきます。Colab 内の ipynb ファイルを開いてドライブをマウントし，Python と SQL を接続しておきます。

invoice データを取得し，それを query とします。pd の **read_sql** 関数でデータフレームに読み込んだものを df6 とします。引数は，SQL のクエリ取得文 query と SQLite 接続の conn です。そして df6 を表示させます。

```
1  db_path = ("/パス/")
2  db_file = ("trial.db")
3  conn = sqlite3.connect(db_path + db_file)
4  query = "SELECT * FROM invoice;"
5  df6 = pd.read_sql(query, conn)
6  display(df6)
```

やっていることは下記のコードと同じですが，エラーが起きたときに原因を突き止めやすくするため，query や conn という変数を使って処理を分割します。

```
1  df6 = pd.read_sql("SELECT * FROM invoice;", sqlite3.connect("/パス/trial.db"))
2  display(df6)
```

pandas の相関 **corr** を用いて Python でピアソンの相関係数を計算します。本当は 2 列だけを取得しておいた方がスマートですが，その方法については章末の発展問題で考えてみましょう。

```
1  r = df6["amount"].corr(df6["dollar"])
2  print(r)
```

0.9999··· と限りなく 1 に近い相関係数になったのではないでしょうか？ もともと円だったものをドルに変換した場合，保持できる桁数に限界があるために相関がぴったり 1 にならないことを体験しました。

10.3.5　Python による線形回帰

ここでは，探索的可視化のところで散布図（図 8.2）にした，ペンギンのヒレの長さと体重の関係を回帰分析により検証します。

Python インタプリタを起動し直したことを想定して，散布図を作成したときと同じライブラリやデータの読込から始めましょう。分析の前には欠損値の処理をすることが大切です。ここでは，欠損値を削除して df2 とします。

```
1   import pandas as pd
2   import numpy as np
3   import seaborn as sns
4   import matplotlib.pyplot as plt
5   !pip install japanize-matplotlib
6   import japanize_matplotlib
7   from sklearn.linear_model import LinearRegression
8   from sklearn.metrics import r2_score
9
10  df = sns.load_dataset("penguins")
11  df2 = df.dropna()
12  df2.head()
```

実行すると図 10.11 のように出力されるでしょうか。もともとの df には，欠損値 NaN（not a number）がインデックス 3（上から 4 レコード目）に入っていたはずですが，**dropna** メソッドで削除したので，欠損値はありません。

	species	island	bill_length_mm	bill_depth_mm	flipper_length_mm	body_mass_g	sex
0	Adelie	Torgersen	39.1	18.7	181.0	3750.0	Male
1	Adelie	Torgersen	39.5	17.4	186.0	3800.0	Female
2	Adelie	Torgersen	40.3	18.0	195.0	3250.0	Female
4	Adelie	Torgersen	36.7	19.3	193.0	3450.0	Female
5	Adelie	Torgersen	39.3	20.6	190.0	3650.0	Male

図 10.11　欠損値削除後のペンギンデータセット

回帰分析には，scikit-learn ライブラリの **LinearRegression** モデルを使用します。x と y には，df2 の特定の列の値を **values** で NumPy の配列に変換して代入します。x には 2 次元配列で，y には 1 次元配列で格納します。そして，学習モデルを任意の名前の変数である lr というオブジェクトに格納しています。それから **fit** メソッドで回帰分析を実行します。

```
1   lr = LinearRegression()
2   x = df2[["flipper_length_mm"]].values
3   y = df2["body_mass_g"].values
4   lr.fit(x, y)
5   y_pred = lr.predict(x)
```

説明をしやすくするために，散布図に回帰直線を引いてみます（図 10.12）。ペンギン i の x の値 x_i から回帰式により予想される値を上記のコードでは y_pred と表記していて，(x_i, y_pred_i) は回帰直線上の点となります。

決定係数 R^2 は，y の値の散らばりのうち，回帰式によって説明（決定）された分のことです。図でいうと斜めの回帰直線がなかったとした場合，つまり y_i の平均値からの偏

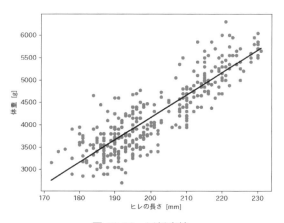

図 10.12　回帰直線

差平方和のうち，y_i の y_pred_i からの偏差平方和を引いた割合のことです。つまり，R^2 は予測値が回帰線になったときの残差平方和が，予測値が平均値の水平線であったときの残差平方和からどの程度減ったのかを示します。

それでは，LinearRegression モデルで作成した lr の属性に含まれている coef_（回帰係数）と intercept_（切片），およびライブラリの読込のときに読み込んでおいた sklearn.metrics の r2_score を用いて決定係数を表示します。

```
1  print("回帰係数 = ", lr.coef_[0])
2  print("切片 = ", lr.intercept_)
3  print("決定係数 = ",  r2_score(y, y_pred))
```

実行結果

回帰係数 = 50.15326594224113

切片 = -5872.092682842825

決定係数 = 0.7620921573403914

しかし，lr の属性の中に，有意確率 p はありません。そこで，最小二乗法（OLS: ordinary least squares）のライブラリでおもな統計量を表示させてみましょう。

```
1  import statsmodels.api as sm
2  x2 = sm.add_constant(x)
3  est = sm.OLS(y, x2)
4  est2 = est.fit()
5  print(est2.summary())
```

コードを実行した結果は図 10.13 のように表示されます。

```
                         OLS Regression Results
==============================================================================
Dep. Variable:                      y   R-squared:                       0.762
Model:                            OLS   Adj. R-squared:                  0.761
Method:                 Least Squares   F-statistic:                     1060.
Date:                Mon, 04 Dec 2023   Prob (F-statistic):           3.13e-105
Time:                        04:22:36   Log-Likelihood:                -2461.1
No. Observations:                 333   AIC:                             4926.
Df Residuals:                     331   BIC:                             4934.
Df Model:                           1
Covariance Type:            nonrobust
==============================================================================
                 coef    std err          t      P>|t|      [0.025      0.975]
------------------------------------------------------------------------------
const      -5872.0927    310.285    -18.925      0.000   -6482.472   -5261.713
x1            50.1533      1.540     32.562      0.000      47.123      53.183
==============================================================================
Omnibus:                        5.922   Durbin-Watson:                   2.102
Prob(Omnibus):                  0.052   Jarque-Bera (JB):                5.876
Skew:                           0.325   Prob(JB):                       0.0530
Kurtosis:                       3.025   Cond. No.                     2.90e+03
==============================================================================

Notes:
[1] Standard Errors assume that the covariance matrix of the errors is correctly specified.
[2] The condition number is large, 2.9e+03. This might indicate that there are
strong multicollinearity or other numerical problems.
```

図 10.13 最小二乗法のサマリ

単回帰分析の場合は，回帰式全体で説明される分散の割合に関する F 値の有意確率 p も，独立変数 x_1 の回帰係数の傾きに関する t 値の有意確率 p も同じになります。よって，図 10.13 では，t 値の p である $x1$ 行× $P > |t|$ 列の値は単に 0.000 となっていますが，それは Prob (F-statistic): の欄の 3.13e-105 と同じ値です。ちなみに，このように e-が付いている数値はとても小さな値で，3.13e-105 は $\frac{3.13}{10^{105}}$ という意味です。

データサイエンスの時代の scikit-learn ライブラリでは，回帰タスクの目的である予測力に重きをおくので，予測力を示す決定係数 R^2 は示されますが，統計的有意性を表す p は重視されないので表示されないのです。

重回帰分析の方法については，11.3.1 の機械学習における回帰タスクに譲るとして，ここでは，回帰分析に関して知っておくべき留意点を 5 つに絞って説明します。

回帰分析に関して知っておくべき留意点 1 は，単回帰係数 b と相関 r の関係です。

$$b = r \times \frac{s_y}{s_x}$$

つまり，単回帰分析の場合の回帰係数 b は，ピアソンの相関係数 r と同じ関係を単位を違えて把握しているだけ，つまり回帰係数は傾きを x の単位で把握したもので，r と基本的に同じものだといえます。よって，単回帰分析の場合の回帰係数 b とピアソンの相関係数 r の統計的有意性は一致します。また，回帰分析では係数の大きさに与える測定単位の影響を排除するために変数を標準化するのが通常ですが，標準化すると b は相関係数 r と同じ値になります。相関が統計的に有意でなければ，単回帰分析でも効果は認められないのです。

知っておくべき留意点 2 は，回帰式への質的データの投入法です。データの種類で理解したように，質的データをコーディングした値は四則演算ができません。イヌ＝1，ネコ

=2, その他=3 とコーディングしても，3 は 1 の 3 倍ではないのです。しかし，質的デー
タを量的データに変換する方法があります。それが，0, 1 の二値変数にすることです。イ
ヌという属性が存在するときに 1, そうでないときに 0 とします。このような 0, 1 のバイ
ナリデータを**ダミー変数**または**ワンホットベクトル**（one-hot vector）といいます。

　変数の関係について知っておくべき留意点 3 は，**擬似相関**についてです。データ分析で
は時系列のパネルデータを用いない限り，基本的に因果関係の存在を検証することはでき
ません。数値的に関連が見られない場合に，因果関係の存在を反証することができるだけ
です。数値的に関連が見られた場合には，x が y に影響を与えている因果関係である可
能性，y が x に影響を与えている逆の因果，そして x と y には因果関係はなく第 3 の z
が x と y に影響を与えているために x と y の間に相関が観察される擬似相関があります。
本来，y をどうにかするためにその原因を究明して問題解決をしようとしているのであれ
ば，y に影響を及ぼす変数をつきとめなければ目的は達成できません。

　重回帰分析について知っておくべき留意点 4 は，複数の x の y への効果の比較です。回
帰分析では測定単位が回帰係数の大きさに影響するので，標準化せずに比較をしても意味
がありません。身長 x と体重 y の関係で，身長を cm で表したときより mm で表した方
が体重への影響が小さく見えるような比較には意味がないのです。効果を比較したい場合
には，必ず変数を標準化するか別のスケーリングの方法をとります。

　重回帰分析についてもう 1 つ知っておくべき留意点 5 は**多重共線性**です。重回帰分析
の回帰係数は**偏回帰係数**といって，他の変数の影響を**統制**（control, 一定にすること）し
たうえでの効果を表す係数となっています。偏回帰係数の場合，相関の高い x を複数投入
すると，互いの効果を統制したうえでの独自の効果が偏回帰係数となりますので，y に対
する効果が過小評価されてしまいます。この問題を多重共線性といって，多重共線性の問
題がある場合には，適切な変数を回帰式から削除した方が説明力が上がります。

　11.3.1 で述べる機械学習の回帰タスクは予測を目的としているので，投入した x 全体
でいかに y を予測できるか，つまり決定係数 R^2 は重要ですが，個々の x の係数や統計的
有意性はあまり重要ではありません。それに対して，もしみなさんの目的が問題解決型の
タスクであった場合，つまり y の値を左右するにはどうしたらよいかを模索するのであれ
ば，これら基本の知識が役立つでしょう。

　以上のような演繹的なアプローチの仮説検証型分析に対して，帰納的アプローチでデー
タ駆動型に結果を得る機械学習があります。前者は，小中規模のデータを使用した問題解
決型の分析を行う場合に特に効果を発揮します。他方，データ駆動型の帰納法では，全体
の予測力が高ければ各パラメータの関係性はあまり問題視されません。このような方法で
は，多重共線性の排除が必須ではなくなり，大規模な複雑なデータセットを扱う際にも効
率的な分析が可能です。

　それでは，次章からビジネスへの応用，そして機械学習の話に移りましょう。

第 10 章の問題

■ 理解度チェック

10.1　カイ二乗値について，最も適切なものを下記から 1 つ選びなさい。

  (1)　観測度数と期待度数の差を二乗してすべて合計した値である。

  (2)　観測度数と期待度数の差をすべて合計した値である。

  (3)　観測度数と期待度数の差を二乗してすべて合計した値を平均値で割った値である。

  (4)　観測度数と期待度数の差を二乗して期待度数で割った値をすべて合計した値である。

  (5)　観測度数と期待度数の差を二乗して観測度数で割った値をすべて合計した値である。

10.2　z と t の関係について，誤っているものを下記から 1 つ選びなさい。

  (1)　t 分布は z 分布より分散が大きいが，N が大きくなるにつれ同じ形に近づく。

  (2)　t 値は母分散が未知の場合に使われる。

  (3)　z の σ に s を代用したものが t である。

  (4)　z の算出式の分母を $n-1$ にして不偏分散にしたものが t である。

10.3　決定係数について，最も不適切なものを下記から 1 つ選びなさい。

  (1)　単回帰分析の場合，決定係数が 1 になることはあり得ない。

  (2)　単回帰分析の決定係数は，ピアソンの r（相関係数）を二乗したものである。

  (3)　決定係数とは，説明変数によって説明された目的変数の値の散らばりの割合である。

  (4)　値の散らばりを偏差平方和で計算した指標である。

  (5)　決定係数は R^2 と表記される。

10.4　本章の母平均の差の検定で実施した ttest を，同じデータの福岡（FKO）支店と大阪（OSK）支店で実施し，その結果を解釈しなさい。

■ 発展問題

10.5　amount と age の 2 列のみ取得してケンドールの tau（順位相関係数）を計算するコードとして，適切なものを下記から 1 つ選びなさい。

(1)

```
1  query_2 = "SELECT amount, age FROM invoice;"
2  df7 = pd.read_sql(query_2, conn)
3  tau = df7.corr(method="kendall")
4  print(tau)
```

(2)

```
1  query_2 = "SELECT amount, age FROM invoice;"
2  df7 = pd.read_sql(query, conn)
3  tau = df7.corr(method=kendall)
4  print(tau)
```

(3)

```
1  query_2 = "SELECT amount, age FROM invoice;"
2  df7 = pd.read_sql(query, conn)
3  tau = df7.corr(method="kendall")
4  print(tau)
```

(4)

```
1  query_2 = "SELECT amount, age FROM invoice;"
2  df7 = pd.read_sql(query_2, conn)
3  tau = df7.corr(method=kendall)
4  print(tau)
```

第11章

データアナリティクスと機械学習

Excel は広く用いられている民主化されたツールですが，ビッグデータの時代に対応するその他のツールも急速に民主化の道を躍進しています。その一環として **BI**（ビジネスインテリジェンス）ツールの発展により，データおよび分析結果が組織内外に公表されることで，エビデンスに基づく議論により多様な知恵を結集し，意思決定を行っていく民主的な組織が増えてきました。いまはデータ分析民主化の時代です。本章は BI ツールについて軽くふれてから，機械学習の基本のタスクの説明をします。

11.1　データアナリティクスと BI

データアナリティクスはデータサイエンスと比べて，ビジネス的な結果を出す提案により直結した分野であると述べました。データサイエンティストに加えて，データアナリティクスに携わるデータアナリストという職業もあり，国際的には BI アナリストというキャリアパスもあります。必要なスキルは，Excel も含めたデータベース活用力，可視化力，プログラミング言語力，当該分野の知識，そしてコミュニケーション力といわれています。本章までの範囲をマスターすれば，BI アナリストとしての基礎力を付けることができるでしょう。ここで，BI と BI で多用されるダッシュボードについて簡単にふれておきましょう。

BI とは，データを分析して意味を引き出し，データドリブンな決定につなげるプロセスのことです。BI のために数々のアプリも開発され，発展しています。例えば，Excel とのつながりでいうと，Power BI がダッシュボードを作成したり共有したりする，Microsoft 社が提供する BI ツールです。他に，Tableau（タブロー）や，日本語に強い Exploratory などがあります。

「可視化」は，探索段階のみならず，データ分析プロセスの最後の共有の段階でも用いられてコミュニケーションを促進します。BI ならではの可視化ツールともいえるダッシュボードは，いくつかのわかりやすい図表を車のダッシュボードのように配置したものです

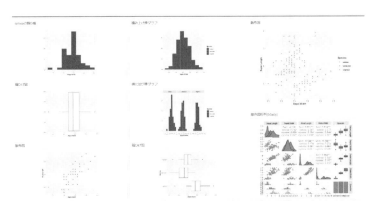

図 11.1 ダッシュボード

（図 11.1）。車のダッシュボードと区別するために，デジタルダッシュボードともよばれます。大抵は，中長期的もしくは即時的なインタラクティブ性をもっています。

データに基づいてビジネス上で結果を出せる提案につなげるデータアナリストは，ビジネスの現場感覚をデータ分析に反映させるコミュニケーション力が必要だとされています。ビジネスの現場の暗黙知から仮説を引き出してそれを提案につなげる方法が結果に結びつきやすいため，そのような目的のためには演繹的なアプローチが有効です。さらに，帰納的なアプローチからは従来の知識からは気づくことのできなかったパターンが得られる可能性もあり，データ駆動型の分析も有効です。

以下では，大量のデータを読み込んで，データ駆動型でパターンを抽出したり予測したりする帰納的なアプローチをとる機械学習について説明していきましょう。

11.2　機械学習，深層学習の簡単な紹介

AI，機械学習，深層学習は，図 11.2 のような包有関係にあります。AI の中核的技術が機械学習，機械学習の一定の手法が深層学習とよばれます。

機械学習と深層学習は，現代のデータサイエンスや AI の分野において中心的な役割を果たしています。機械学習は，データを解析し，パターンを抽出するアルゴリズムを構築するための手法を包括する広い概念です。そして，その一部として教師あり学習，教師なし学習，強化学習の 3 つの主要なアプローチがあります。

教師あり機械学習では，変数 x で変数 y を予測したり分類したりすることを目的としています。変数 y が教師データです。機械学習では，変数 y を**ターゲット**（target）もしくは**ラベル**（label）とよび，変数 x を**特徴量**（features）とよびます。教師あり学習は，機械学習の 1 分野であり，ラベル付けされた学習（訓練，training）データを使用してモデ

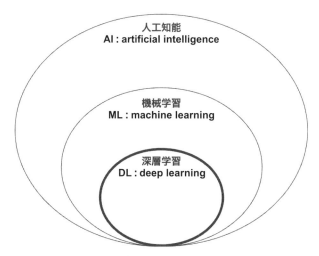

図 11.2 機械学習と深層学習の関係性

ルを訓練する手法です。つまり，入力データとそれに対応する正解ラベル（教師データ）が与えられ，アルゴリズムはこのデータからパターンを学習して予測モデルを構築します。例えば，スパムメールの分類や手書き文字認識などがこれに該当します。

　正解ラベル，つまり教師データ y が存在しないのが**教師なし**機械学習です。例えば，複数の変数 x の関係をクラスタリング（分類）するのは教師なし学習です。このアルゴリズムでは，データの構造やパターンを機械が学習し，データをクラスタリングしたり，次元削減したりします。教師なし学習の代表的な用途は，顧客セグメンテーションや異常検知，自然言語処理（NLP）におけるトピックモデリングなどがあります。

　強化学習は，エージェントが環境と相互作用しながら学習を行う手法です。エージェントは環境からの報酬を最大化するように学習し，行動の選択を最適化します。これは，ロボット制御，ゲームプレイ，自動運転車など，エージェントが環境を探索し，最適な戦略を学ぶ必要がある問題に適用されます。

　深層学習（ディープラーニング）は，多層のニューラルネットワークを使用して高度な特徴表現を学習する機械学習の分野です。深層学習は，大規模で複雑なデータセットに対して非常に高い性能を発揮し，画像認識，音声認識，NLP などの分野で広く活用されています。深層学習のモデルは，多くの中間層（隠れ層）をもつことで，複雑なパターンを抽出する能力をもっています。

　以上のように，機械学習とその中の教師あり学習，教師なし学習，強化学習，そして深層学習は，データサイエンスの分野において幅広い応用が可能であり，現代の技術革新において中心的な役割を果たしています。

　AI と機械学習の分野で広く使用されている，脳の神経細胞（ニューロン）の仕組みに

基づいたモデルを，「ニューラルネットワーク」といいます。この技術は，非常に複雑な
パターンや関係性を学習し，予測，分類，認識などのタスクを実行するのに優れた能力を
もっています。

　ニューラルネットワークは，脳の神経細胞であるニューロンを模倣した構造をもってい
ます。各ニューロンは，他のニューロンと接続されており，入力信号を受け取り，その信
号を加工して出力信号を生成します。この出力信号は，他のニューロンへの入力となり，
複数の層にわたる連鎖反応が続きます。機械学習に落とし込まれるニューラルネットワー
クは，入力層，中間層（または隠れ層ともいう），出力層という 3 つの主要な構造に分か
れます（図 11.3）。中間層が 2 層以上の場合が，深層学習（ディープラーニング）です。

　入力層は，ニューラルネットワークの最初の層で，外部からの情報やデータが入力され
ます。この層は，例えば，画像認識の場合には画像のピクセル値，NLP の場合には単語
のエンコーディングなどを受け取ります。

　中間層（隠れ層）は，入力層と出力層の間にある層で，入力データの特徴を抽象的に表
現する役割を果たします。複数の中間層が存在する場合もあり，これらの層でより高度な
特徴やパターンを抽出します。各中間層のニューロンは，前の層のニューロンからの信号
を受け取り，重みとよばれるパラメータを使って信号を変換し，つぎの層に伝達します。
中間層の活性化関数とよばれる非線形関数は，ネットワークが非線形な関係性を学ぶのに
必要です。

　出力層は，ニューラルネットワークの最後の層で，ネットワークの出力が生成されます。
出力層の構造は，解決すべき問題に応じて設計されます。例えば，二値分類の場合には
1 つのニューロンが，クラス数が複数の場合には各クラスに対応する複数のニューロンが
存在します。出力層の活性化関数は，問題の性質に応じて決定され，通常はソフトマック
ス関数（多クラス分類の場合）やシグモイド関数（二値分類の場合）などが使用されます。

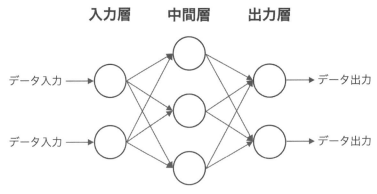

図 11.3　ニューラルネットワークの模式図

　このような層構造とニューロン間の結合によって，ニューラルネットワークは入力データから高度な特徴を抽出し，複雑な関係性を学習することができます。また，ニューラルネットワークの学習は，入力データと正解（教師データ）の間の誤差を最小化するように行われ，この最適化はバックプロパゲーションとよばれるアルゴリズムによって実現されます。

　ニューラルネットワークの優れた特性は，非常に複雑な問題を解決できることであり，画像認識，NLP，音声認識，ゲームプレイなど，多岐にわたる応用分野で驚くべき成果を上げています。その柔軟性と能力から，現代のデータサイエンスと AI の研究において，ニューラルネットワークは欠かせない存在となっています。

11.2.1　機械学習のタスクの種類

　ここからは，機械学習の基本のタスクとプロセス，そして Python による実際を見ていきましょう。

　機械学習は分類や予測を主眼においており，そのタスクを大きく回帰，分類，クラスタリングの 3 つに分類できます。**回帰タスク**は，量的データ（例: 売上や設定価格）を特徴量から予測することを目的としています。**分類タスク**には，**二値分類**（例: 迷惑メールか否か）と**多クラス分類**（例: ネコ，イヌ，その他の動物）があり，それぞれ異なる選択肢に分類する問題を扱います。一方，**クラスタリングタスク**は，ラベルのない特徴量データを，データの類似性に基づいてグループに分割するタスクです。これにより，顧客のセグメンテーションや推薦システムの構築といった応用が可能となります。

　機械学習の手法は，予測を行う際に大きな役割を果たしますが，その過程でブラックボックス化されがちな特性ももっています。従来の仮説検証型のアプローチでは，人間が仮説を立て，それをデータで検証する演繹的な方法をとっていました。しかし，機械学習ではデータを投入することで機械が学習し，パターンを見つけ出してモデルを構築する帰納的な方法を採用しています。このデータ駆動型のアプローチでは，**解釈可能性**（interpretability）の問題が浮上しています。予測力が高い一方で，その結果がどのように導かれたのかを理解することが難しくなる傾向があります。

　この解釈可能性の問題に対応するために，説明可能な AI（XAI）が登場しています。XAI は，機械学習モデルの結果を説明し，透明性を提供することで，人間がモデルの動作を理解し，信頼性のある意思決定を行うのに役立ちます。これにより，ブラックボックス化された結果を受け入れるだけでなく，その背後にある論理やパターンを理解することが可能になります。

　このように，機械学習は予測と解釈可能性の両面からアプローチし，多様なタスクに適用され，私たちの現実世界の課題に対する洞察を深め，効果的な解決策を提供しています。

11.2.2　機械学習のプロセス

　機械学習のプロセスは，データサイエンスのプロセスのところで紹介したように（1.3.1），データサイエンス一般の用語でいうと，データラングリング，**探索的データ分析**（EDA: exploratory data analysis）としての可視化，モデル構築，評価というサイクルを繰り返し，到達したモデルを共有するというプロセスを辿ります。言い換えると，データの**前処理**，EDA，**学習**（モデルの構築），モデルの**評価**，そして最終的なタスクの実装というステップで進みます。最初に与えられたデータを適切に前処理し，特徴量の抽出や欠損値の処理などを行います。つぎに，前処理済みのデータを使用して探索を行って適切な機械学習アルゴリズムを選定し，モデルを構築します。この学習の過程では，様々な統計手法が活用されます。例えば，売上の予測には重回帰分析，成人病のリスク指標の発見に主成分分析が使用される，などです。

　構築されたモデルは，その予測力を評価する必要があります。しかし，実際は未来のデータは入手することができず，未来のデータでモデルの性能を評価することはできません。この問題を解決するために，**ホールドアウト法**が一般的に使用されます。この方法では，データセットを**学習データ**（train data）と**テストデータ**（test data）に分割し，学習データでモデルを構築した後，テストデータでモデルの性能を評価します。また，より信頼性の高い評価を得るために，学習データ，**検証データ**（validation data），テストデータの 3 つに分割して評価することも一般的です。ホールドアウト法により，モデルの**過学習**（overfit），つまり学習データが特定のデータに過度に適合して予測には不適切なモデルになることを防ぎつつ，実際のデータに対する予測性能を評価することを可能にしています。

　このようなプロセスを繰り返すことで，機械学習はデータから意味ある情報を抽出し，予測モデルを構築します。そして，実際の問題に適用することで，新たな知見を得たり，効果的な意思決定を支援したりする役割を果たします。

11.3　機械学習のタスクの実際

11.3.1　回帰タスク

　それでは，機械学習による回帰タスクとはどういうものかについて学んでいきましょう。いわゆる回帰タスクとは教師あり学習の 1 つで，y が量的データで，それを x から予測するタスクです。これをペンギンデータセットを用いて行ってみます。

　ペンギンデータの探索と可視化はすでに散布図のところで行い（8.2.3），ペンギンのヒレの長さと体重が線形回帰の関係にありそうだということを目視で検討を付けました。そして Python による線形回帰のところで，回帰分析を行いました（10.3.5）。

　この同じ回帰分析を機械学習の回帰タスクとして実行するとどうなるかを見ていきたいと思います。用いる回帰式は同じですが，仮説検証型の重回帰分析との前提となる考え方や用語の違いをあらかじめ押さえておきましょう。

　1つの違いは，仮説検証の目的が**説明**（explanation）であったのに対して，機械学習の回帰タスクの目的が**予測**（prediction）であることです。

　説明では，x（独立変数または説明変数）と y（従属変数または目的変数）の因果関係が問われ，y の値の変動に影響を及ぼす原因となっている x とその効果（回帰係数）が重視されます。因果関係における独立変数の効果を見るのが目的なので，擬似関係は見抜き，除去する必要があります。真に，y に影響を与えている x を特定するため，多重共線性の問題を排除することが重要でした。

　それに対して，目的が予測にある場合には，関係が擬似関係であろうが，x（特徴量）から y（ターゲットまたはラベル）が予測できれば問題ありません。また，各変数の効果を見極めることに主眼がないため，多重共線性に配慮する必要もありません。y の値の変動をどのくらい説明できるか，すなわち決定係数 R^2 を高めることが重要となります。

　もう1つの違いは，仮説検証では統計的有意性が問われたのに対し，機械学習では予測の精度が問われることです。そのために，機械学習のプロセスのところで説明したように（11.2.2），機械学習ではデータを学習データとテストデータに分割し，学習データから作ったモデルをテストデータでモデルを評価するという工程を辿ります。

線形回帰：単回帰分析

　ペンギンデータの可視化までは終えているので，ここでは機械学習によるモデル構築と評価について説明します。分析に先立ってデータクレンジングで欠損値の処理が行われていることが前提です。Python による線形回帰のところですでに説明しましたが（10.3.5），ライブラリとデータの読込，そして欠損値の削除，変数の代入から始めましょう。

```
import seaborn as sns
df = sns.load_dataset("penguins")
df2 = df.dropna()
x = df2[["flipper_length_mm"]]
y = df2["body_mass_g"]
```

　欠損値の含まれない df2 が準備できて，x と y が指定できたところです。それでは，モデル構築用の学習（train）データと評価用のテスト（test）データに分割してみましょう。主成分分析のところで用いた機械学習のライブラリである **scikit-learn** の中の **train_test_split** 関数を用いてデータを分割します。下記のコードでは学習データとテストデータを標準の 7:3 に分割するために，引数で train_size = 0.7, test_size = 0.3 を指定しています。random_state というのは乱数の seed のことで，指定しな

いとそのたびにランダムにデータが変わってしまうので，任意の値（ここでは 1）を入れて乱数を固定しています。print 関数で分割されたそれぞれのデータの数を確認します。

```
from sklearn.model_selection import train_test_split
x_train, x_test, y_train, y_test = train_test_split(x, y, train_size = 0.7,
test_size = 0.3, random_state = 1)
print("サンプルサイズ x_train", len(x_train))
print("サンプルサイズ x_test", len(x_test))
print("サンプルサイズ y_train", len(y_train))
print("サンプルサイズ y_test", len(y_test))
```

実行結果

サンプルサイズ x_train 233

サンプルサイズ x_test 100

サンプルサイズ y_train 233

サンプルサイズ y_test 100

上記のコードのように from を使って関数をインポートしておくと，関数を用いるときにモジュール.関数と書かずに関数名，上記の場合は train_test_split を独立して使用することができます。コードを実行した結果，データが 7:3 に分かれたでしょうか？

それでは，scikit-learn の **LinearRegression** 関数を用いて，モデル lr を線形回帰（linear regression）に指定し，x_train, y_train からモデルを学習させます。

```
from sklearn.linear_model import LinearRegression
lr = LinearRegression()
lr.fit(x_train, y_train)
```

ここまではデータを分割した以外，Python による線形回帰と同じなので，係数などを確認したい場合は上記の項目を参照してください（10.3.5）。ここからが機械学習ならではのテストデータによる評価です。

```
y_pred = lr.predict(x_test)
```

y_pred に，x_test からモデルによって予測した値が入りました。では，実際の値（正解，つまり y_test の値）から予測値がどの程度外れているかを，よく用いられる**損失関数**（コスト関数）である **MSE**（平均二乗誤差, mean squared error）で見てみたいと思います。MSE は次式で表されます。

$$\text{MSE} = \frac{\displaystyle\sum_{i=1}^{n}(\hat{y}_i - y_i)^2}{n}$$

ただし，

n: データ総計

$\hat{y}_i$: データ i の予測値

y_i: データ i の正解値

つまり，MSE とは予測値と正解とのズレ（誤差）を二乗したものの平均（n で割ったもの）で，予測が正解に近いほど小さな値になります。また，学習データの MSE とテストデータの MSE を比較したときに学習データの方がよすぎる（小さい）場合，それは**過学習**を示唆していて，モデルを学習データに適合させ過ぎたあまり，別のデータの予測には不向きな状態になってしまっています。ちなみに，損失を **RMSE**（二乗平均平方根誤差，root mean squared error）で見ることもありますが，RMSE というのは，MSE を平方根にしたもの，つまり MSE の計算上二乗したものを平方根にして元の値の大きさの単位に戻したものとなります。RMSE が，予測の誤差の平均を表していると解釈できます。

以上を踏まえたうえで，MSE を見てみましょう。学習データの MSE とも比較してみたいので，学習データにおける予測値を y_train_pred に代入しておきます。そして，**mean_squared_error** 関数を用いて，学習データの正解（y_train）と学習データの予測値（y_train_pred）の MSE と，テストデータの正解（y_test）とテストデータの予測値（y_pred）の MSE を比べてみます。

```
1  from sklearn.metrics import mean_squared_error
2  y_train_pred = lr.predict(x_train)
3  print("学習データのMSE: ", mean_squared_error(y_train, y_train_pred))
4  print("テストデータのMSE: ", mean_squared_error(y_test, y_pred))
```

実行結果

学習データの MSE: 146750.40126654354

テストデータの MSE: 171723.25071610406

では，ペンギンの体重の分散のどの程度がヒレの長さによって予測することができたかを決定係数 R^2 で評価してみましょう。

```
1  from sklearn.metrics import r2_score
2  print("学習データの決定係数: ", r2_score(y_train, y_train_pred))
3  print("テストデータの決定係数: ", r2_score(y_test, y_pred))
```

　random_state で与えた値にもよるのですが，分散の約 70% は予測できたのではない
でしょうか？ モデルの精度を上げるために，投入するデータを再検討したり，投入デー
タの前処理を行ったりして，モデルの改善を試みます。例えば，外れ値を除去してみたり
するとモデルの予測力が向上するかもしれません。ここからは，他の特徴量も加えた重回
帰分析に進んでいきます。

線形回帰：重回帰分析

　ペンギンの体重を予測するのに，ヒレの長さのみならず，くちばしの長さとくちばしの
縦の長さも投入してみましょう。重回帰分析の場合，量的データを標準化しておきます。
また今回は，後に列名に用いたいので，features と target という変数を作ってから x と
y に df2 のデータを代入します。

```
1  features = ["flipper_length_mm", "bill_length_mm", "bill_depth_mm"]
2  x = df2[features]
3  y = df2["body_mass_g"].values
```

　先ほどと同様に，データを分割します。下記のコードでは，Python インタプリタが
一度終了していることを想定して，sklearn から train_test_split を再度読み込んでいま
すが，上述の単回帰分析の機械学習で読み込んだまま一連の操作が続いている場合には，
改めて読み込む必要はありません。

```
1  from sklearn.model_selection import train_test_split
2  x_train, x_test, y_train, y_test = train_test_split(x, y, test_size = 0.3,
3  random_state= 1)
```

　StandardScaler を使ってデータを標準化します。

```
1  import pandas as pd
2  from sklearn.preprocessing import StandardScaler
3  scaler = StandardScaler()
4  scaler.fit(x_train)
5  x_train_std = scaler.transform(x_train)
6  x_train_std = pd.DataFrame(x_train_std, columns = features)
7  x_test_std = scaler.transform(x_test)
8  x_test_std = pd.DataFrame(x_test_std, columns = features)
```

　上記と同様に，線形回帰モデルで学習させます。

```
1  lr = LinearRegression()
2  lr.fit(x_train_std, y_train)
```

MSE で評価しましょう。

```
1  y_pred = lr.predict(x_test_std)
2  y_train_pred = lr.predict(x_train_std)
3  from sklearn.metrics import mean_squared_error
4  print("学習データのMSE: ", mean_squared_error(y_train, y_train_pred))
5  print("テストデータのMSE: ", mean_squared_error(y_test, y_pred))
```

単回帰分析と比べて，あまり改善されていないのではないでしょうか。一応，決定係数も見ておきましょう。

```
1  from sklearn.metrics import r2_score
2  print("学習データの決定係数: ", r2_score(y_train, y_train_pred))
3  print("テストデータの決定係数: ", r2_score(y_test, y_pred))
```

こちらも若干改善したというものの，それほどの向上は見られなかったのではないでしょうか。なぜなら，ヒレの長さと体重の間に見られる線形関係とは違い，くちばしと体重の関係はペンギンの種によって異なるからです。ペンギンの種をダミー変数あるいはワンホットベクトルとよばれる 1, 0 の値をとる二値変数にしてデータに投入するなど，さらにデータを加工していくことが検討できます。これについては，本節で後述する「データの前処理とハイパーパラメータの調整」で述べます。

その他の回帰タスクアルゴリズム

もう 1 つのモデル改善の可能性は，アルゴリズムを変えて試みることです。上述の最小二乗法の線形回帰分析以外にも，回帰タスクに用いられる基本アルゴリズムとして以下の例が知られています。

- **Lasso** や **Ridge** などの線形アルゴリズム
- 決定木アルゴリズム
- アンサンブルアルゴリズム（複数のアルゴリズムの組み合わせ）

例えば，Lasso は上記の LinearRegression() の代わりに Lasso() にしただけの下記のコードで簡単に試みることができます。下記では割愛していますが，必要なライブラリは読み込んでおきましょう。

```
1  from sklearn.linear_model import Lasso
2  lr2 = Lasso().fit(x_train_std, y_train)
3  y_pred2 = lr2.predict(x_test_std)
4  y_train_pred2 = lr.predict(x_train_std)
5  print("学習データのMSE: ", mean_squared_error(y_train, y_train_pred2))
6  print("テストデータのMSE: ", mean_squared_error(y_test, y_pred2))
7  print("学習データの決定係数: ", r2_score(y_train, y_train_pred2))
8  print("テストデータの決定係数: ", r2_score(y_test, y_pred2))
```

上記では LinearRegression で lr，Lasso で lr2 というモデルを試みたように，以下では，決定木アルゴリズム **DecisionTreeRegressor** を用いて dtr というモデルの構築を試みています。

```
1  from sklearn.tree import DecisionTreeRegressor
2  from sklearn.tree import export_text
3  dtr = DecisionTreeRegressor().fit(x_train_std, y_train)
4  print(export_text(dtr))
```

図 11.4 に，決定木の結果の上部を示します。

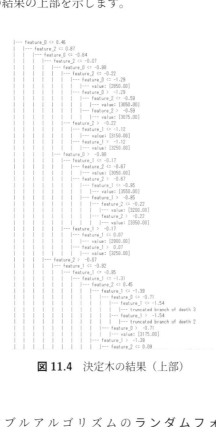

図 11.4　決定木の結果（上部）

同様に，アンサンブルアルゴリズムのランダムフォレストの関数である **RandomForestRegressor** を用いて rfr というモデルを構築して評価してみます。

```
1  from sklearn.ensemble import RandomForestRegressor
2  rfr = RandomForestRegressor().fit(x_train_std, y_train)
3  y_pred4 = rfr.predict(x_test_std)
4  y_train_pred4 = rfr.predict(x_train_std)
5  print("学習データのMSE: ", mean_squared_error(y_train, y_train_pred4))
6  print("テストデータのMSE: ", mean_squared_error(y_test, y_pred4))
7  print("学習データの決定係数: ", r2_score(y_train, y_train_pred4))
8  print("テストデータの決定係数: ", r2_score(y_test, y_pred4))
```

　最後に，アンサンブルアルゴリズムの 1 つである**勾配ブースティング**（gradient boosting）でモデルを作って評価を試みましょう。勾配ブースティング関数は，ランダムフォレストアルゴリズムがすべての木を独立して構築して平均結果にするのに対して，決定木の各段階での分岐が，直前の分岐に基づいてモデルの損失（誤差）が減少するように構築された，ランダムフォレストを進化させたアルゴリズムです。

```
1  from sklearn.ensemble import GradientBoostingRegressor
2  gbr = GradientBoostingRegressor().fit(x_train_std, y_train)
3  y_pred5 = gbr.predict(x_test_std)
4  y_train_pred5 = gbr.predict(x_train_std)
5  print("学習データのMSE: ", mean_squared_error(y_train, y_train_pred5))
6  print("テストデータのMSE: ", mean_squared_error(y_test, y_pred5))
7  print("学習データの決定係数: ", r2_score(y_train, y_train_pred5))
8  print("テストデータの決定係数: ", r2_score(y_test, y_pred5))
```

　多くの場合に優れた効果を発揮する勾配ブースティングですが，データの再整備とハイパーパラメータの調整を行わないこの段階で，決定係数が 75% ぐらいになっているのではないでしょうか。

データの前処理とハイパーパラメータの調整

　重回帰分析でペンギンのヒレとくちばしから体重を予測するのに，ヒレのみの単回帰分析からそれほどの向上は見られなかったのは，ヒレの長さと体重の間に見られる種を問わない線形関係とは違い，くちばしと体重の関係はペンギンの種によって異なるからです。ペンギンの種を**ダミー変数**あるいは**ワンホットベクトル**とよばれる 1, 0 の値をとる二値変数にしてデータに投入しましょう。また，ペンギンの体重はオスかメスかによって違うことも探索的可視化のところで確認済みです（図 8.5）。そこで，0, 1 のワンホットベクトルにして投入する必要があるペンギンの種類・性別・島の質的データをワンホットベクトルに前処理します。ペンギンの種類の例でいうと，species の 3 つの選択肢がそれぞれ列になり，あてはまる場合には 1 となるように変換します（表 11.1）。

　下記では，ペンギンの種類などの質的データを数値化してワンホットベクトルに変換する準備をしています。後に ColumnTransformer を紹介するため，すでに標準化した列を使わず，改めて欠損値を処理したペンギンデータ df2 からデータの前処理を行います。差別化のために値を格納する変数名を大文字の XY とします。実行結果は図 11.5 のよう

表 11.1　ワンホットベクトル

species	Adelie	Chinstrap	Gentoo
個体 1	1	0	0
個体 2	0	1	0
個体 3	0	0	1

	species	island	bill_length_mm	bill_depth_mm	flipper_length_mm	body_mass_g	sex
0	1	1	39.1	18.7	181.0	3750.0	0
1	1	1	39.5	17.4	186.0	3800.0	1
2	1	1	40.3	18.0	195.0	3250.0	1
4	1	1	36.7	19.3	193.0	3450.0	1
5	1	1	39.3	20.6	190.0	3650.0	0

図 11.5　ペンギンデータ質的データの数値化（ワンホットベクトル化の準備）

に，sex がワンホットベクトル化され，species, island は数値化されたのではないかと思います。

```
numeric_features = ["bill_length_mm", "bill_depth_mm", "flipper_length_mm"]
categorical_features = ["species", "island", "sex"]
df2 = df2.replace({"species": {"Adelie": 1, "Chinstrap": 2, "Gentoo": 3}})
df2 = df2.replace({"island": {"Torgersen": 1, "Dream": 2, "Biscoe": 3}})
df2 = df2.replace({"sex": {"Male": 0, "Female": 1}})
df2.head()
```

この状態でデータを分割します。

```
X, Y = df2[["species","island","bill_length_mm", "bill_depth_mm",
"flipper_length_mm","sex"]].values, df2["body_mass_g"].values
X_train, X_test, Y_train, Y_test = train_test_split(X, Y, test_size=0.3,
random_state=1)
print("学習データ: %d rows\nテストデータ: %d rows" % (X_train.shape[0],
X_test.shape[0]))
```

そして，必要なライブラリを読み込みます。

```
from sklearn.compose import ColumnTransformer
from sklearn.pipeline import Pipeline
from sklearn.impute import SimpleImputer
from sklearn.preprocessing import StandardScaler, OneHotEncoder
from sklearn.linear_model import LinearRegression
import numpy as np
```

　データの前処理のもう 1 つは，量的データについて特徴量スケーリングをすることです。機械学習では，量的データの特徴量を標準化または正規化して，値の測定単位の大きさに影響されてしまわないようにスケーリング，つまり測定単位の調整をします。すでに紹介したように，標準化とは Z 得点に変換すること，つまり個々の値から平均値を引いて，標準偏差で割るのでした。

$$z = \frac{y_i - \bar{y}}{s}$$

　正規化（normalization）は最大値を 1, 最小値を 0 にするために，最大値 $y_{\max}$ と最小値 $y_{\min}$ を用いて次式のように計算します。

$$y' = \frac{y_i - y_{\min}}{y_{\max} - y_{\min}}$$

　特徴量スケーリングにはどちらも用いられますが，正規化は外れ値に影響されやすいことには注意しましょう。特設サイトでは scikit-learn に組み込まれている Pipeline モジュールを使っているので，スケーリングには同モジュールが用いている正規化が適用されています。

　下記のコードで，質的データのワンホットベクトル化と量的データの正規化をいっぺんに実行しましょう。

```
1  numeric_features = [2,3,4]
2  numeric_transformer = Pipeline(steps=[
3      ("scaler", StandardScaler())])
4  categorical_features = [0,1,5]
5  categorical_transformer = Pipeline(steps=[
6      ("onehot", OneHotEncoder(handle_unknown="ignore"))])
7  preprocessor = ColumnTransformer(
8      transformers=[
9          ("num", numeric_transformer, numeric_features),
10         ("cat", categorical_transformer, categorical_features)])
```

　上記のコードでは，**ColumnTransformer** で 2 つの前処理，つまり質的データにはワンホットベクトル化，量的データには正規化を施しています。

　つぎに，勾配ブースティングの**ハイパーパラメータ**を調整（チューニング）します。グリッドサーチとよばれる方法で，このモデルのハイパーパラメータである**学習率**（learning rate）と**ラウンド数**（n estimators）の最適値を判定します。

```
1   from sklearn.ensemble import GradientBoostingRegressor
2   from sklearn.model_selection import GridSearchCV
3   from sklearn.metrics import make_scorer, r2_score
4
5   alg = GradientBoostingRegressor()
6
7   params = {
8   "learning_rate": [0.1, 0.5, 1.0],
9   "n_estimators": [50, 100, 150]
10  }
11
12  score = make_scorer(r2_score)
13  gridsearch = GridSearchCV(alg, params, scoring =score, cv =3,
14  return_train_score = True)
15  gridsearch.fit(X_train, Y_train)
16  print("最適パラメータの組み合わせ:", gridsearch. best_params_, "\n")
```

　最後に，勾配ブースティング関数の引数に最適とされた学習率とラウンド数を指定した最良モデルに，Pipeline で前処理したデータを引き渡して回帰タスクを実施して，ペンギンの体重の予測力を上げます。

```
1   pipeline, Pipeline(steps = [("preprocessor", preprocessor), ("regressor",
2       GradientBoostingRegressor(n_estimators = 50, learning_rate = 0.1))])
3   best_gbr = pipeline.fit(X_train,(Y_train))
4
5   Y_pred7 = best_gbr.predict(X_test)
6   mse = mean_squared_error(Y_test, Y_pred7)
7   print("MSE:", mse)
8   r2 = r2_score(Y_test, Y_pred7)
9   print("テストデータの決定係数:", r2)
```

　データの前処理を行い，ハイパーパラメータを調整したことによって，決定係数が 80%を越え，ここまでで最もよいモデルに到達することができました。

11.3.2　クラスタリングタスク

　それでは，ペンギンデータセットを用いて，教師なし機械学習である k 平均法と階層クラスタリングの 2 つのクラスタリングタスクを体験してみましょう。教師なし，つまりターゲットなしで，特徴量のみにより分類していくタスクです。

　ペンギンデータは，すでに主成分分析で抽出した 2 つの主成分により特徴量を 2 次元に落とし込むことができています。主成分分析のところで図示したときには，あえてペンギンの種別にマーカーの濃淡を変えていました（図 9.4）。

　しかし実際には，特徴量の主成分分析によって第 1 成分である PC1 と第 2 成分である PC2 の 2 次元にプロットするだけではターゲットの情報がないので，図示すると図 11.6 のようになります。

　これをもとに k 平均法で分類してみましょう。コードは下記の通りです。必要なライ

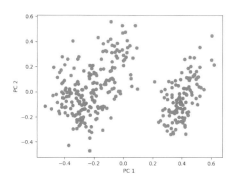

図 11.6 主成分分析による 2 次元プロット

ブラリをインストールし，読み込みます．

```
import numpy as np
import matplotlib.pyplot as plt
!pip install japanize-matplotlib
import japanize_matplotlib
import seaborn as sns
from sklearn.cluster import KMeans
from sklearn.decomposition import PCA
```

エイリアスが sns である seaborn からペンギンデータセットを読み込み，df という変数に格納します．そこから欠損値を削除したものを df2 とし，これを正規化しても標準化してもよいのですが，ここでは，**iloc** により列番号で取り出したペンギンデータセットの量的データである特徴量について，**lambda** 式で名前のない小さな関数を生成し，各値から平均を引いて標準偏差で割って標準化をするという関数を適用したものを，features という変数に格納します．

```
df = sns.load_dataset("penguins")
df2 = df.dropna()
features = df2.iloc[:, 2:6].apply(lambda x: (x-x.mean())/x.std(), axis=0)
```

つぎに，エイリアスを PCA として scikit-learn ライブラリから読み込んでおいた次元分解の **decomposition** の関数を用い，上記で作成した features に対して主成分分析を実施し，2 つの軸に次元削減をします．

```
pca = PCA(n_components=2).fit(features)
features_2d = pca.transform(features)
```

ここで，scikit-learn ライブラリから読み込んでおいた k 平均法の関数を使って，3 つのクラスターを作成します．

```
1  km = KMeans(n_clusters=3, init="k-means++", n_init=100, max_iter=1000)
2  km_clusters = km.fit_predict(features.values)
```

可視化ライブラリの Matplotlib を使って，3 つのクラスターの要素ごとに，色は青，緑，オレンジ，マークは星印，バツ印，プラス印で表示する散布図を作る plot_clusters 関数を定義し，同関数の引数に主成分分析で取り出した features_2d と，k 平均法による 3 つのクラスター km_clusters を与えて実行します。

```
1  def plot_clusters(dim_2, clusters):
2      col_dic = {0:"blue",1:"green",2:"orange"}
3      mrk_dic = {0:"*",1:"x",2:"+"}
4      colors = [col_dic[x] for x in clusters]
5      markers = [mrk_dic[x] for x in clusters]
6      for i in range(len(clusters)):
7          plt.scatter(dim_2[i][0], dim_2[i][1], color = colors[i],
8              marker=markers[i], s=100)
9      plt.xlabel("主成分1")
10     plt.ylabel("主成分2")
11     plt.show()
12
13 plot_clusters(features_2d, km_clusters)
```

可視化された結果は，図 11.7 のようになったでしょうか。主成分分析による同じ 2 次元に教師ラベルで色付けした図 9.4 と比べても，なかなかよく分類されたのではないでしょうか。

続けて，階層クラスタリングをしてみましょう。Python インタプリタを終了せずに続けて作業しているのであれば，新たにインポートするのは scikit-learn から **AgglomerativeClustering** モデルのみです。plot_clusters ももうできているので，下記の 3 行までで階層クラスタリングを実行し，4 行目では上記から第 2 引数を変えるだけの 1 行で作図することができます。

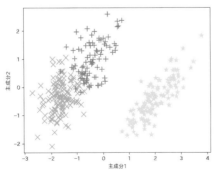

図 11.7　k 平均法

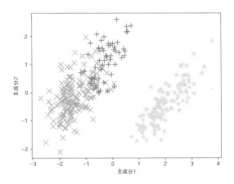

図 11.8　階層クラスタリング

```
1  from sklearn.cluster import AgglomerativeClustering
2  agg_model = AgglomerativeClustering(n_clusters=3)
3  agg_clusters = agg_model.fit_predict(features.values)
4  plot_clusters(features_2d, agg_clusters)
```

　結果を可視化すると，図 11.8 のようになります。

　つぎに，ターゲットデータを使って，特徴量からペンギンの種を識別してみましょう。

11.3.3　分類タスク（二値分類）

　分類タスクとは，教師あり学習の分類タスクで，ターゲットが質的データの場合に用いられます。分類には，ターゲットが二値変数の二値分類と，3 種類以上のカテゴリーに分類する多クラス分類があり，方法的には二値分類がベースとなっています。

　ワンホットベクトルであるターゲットを y として縦軸にとると，x がある範囲内の値をとる間は y は 0，x がある範囲内の値をとる間は y は 1，その間は y が 0 か 1 になる確率が 図 11.9 のようになると考えます。この考え方にあてはまる曲線が，ロジスティック関数（狭義でのシグモイド関数）で与えられるロジスティック曲線です。

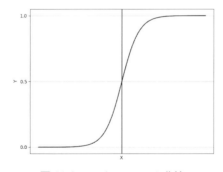

図 11.9　ロジスティック曲線

　どの点を超えると予測値である 1 または 0 の判定を超えるかという y 軸の値を閾値（しきい値，いき値とも読む）またはカットオフ点（cut-off point）といいます。例えば，図 11.9 の真ん中のグレーの横線を超えると予測値が 1 になる場合は閾値（threshold）が 0.5 となります。

　それでは，Wisconsin Breast Cancer Dataset という乳がんのデータ[4] を使って，診断の特徴量から悪性の乳がんを識別する機械学習を実施します。pandas を使えることを確認したら，下記のコードを実行しましょう。

```
1  !pip install ucimlrepo
2  from ucimlrepo import fetch_ucirepo
3  breast_cancer_wisconsin_diagnostic = fetch_ucirepo(id =17)
4  X = breast_cancer_wisconsin_diagnostic.data.features
5  Y = breast_cancer_wisconsin_diagnostic.data.targets
```

　最初の列である id とそれに続くターゲット Diagnosis（乳がんの診断）を含む 33 列の
データの最後の列には，NaN という欠損値が入っています。また，ID も分析には用いな
いので，その 2 列は削除しておきましょう。

```
1  df3 = pd.concat([X, Y], axis =1)
2  df3.head()
```

　ここでは，Diagnosis を特徴量から予測します。ターゲット Diagnosis の値は，M が悪
性（malignant），B が良性（benign）です。それぞれの度数を確かめておきましょう。

```
1  print("良性 = ", df3.Diagnosis.str.count("B").sum())
2  print("悪性 = ", df3.Diagnosis.str.count("M").sum())
```

> **実行結果**
>
> 　良性 = 357
> 　悪性 = 212

　分類タスクも，機械学習のプロセスとしては回帰タスクと同じプロセスを辿ります。M
と B でどの特徴量に違いが出るのかについて，箱ひげ図などで可視化をしておくとよい
でしょう。ここでは，識別の機械学習に進みます。悪性のものを識別したいので，それを
1，良性を 0 とします。

```
1  df3 = df3.replace({"Diagnosis": {"M": 1, "B": 0}})
2  df3.info()
```

上記のコードの最後にある info メソッドで確認すれば，ターゲットである Diagnosis を
二値変数にしたことによって整数型になったことがわかります。特徴量とターゲットを定
めましょう。

```
1  x=df3.iloc[:,1:-1].values
2  y=df3["Diagnosis"].values
```

　データを 7:3 で学習データとテストデータに分割しましょう。

```
1  from sklearn.model_selection import train_test_split
2  x_train, x_test, y_train , y_test = train_test_split(x,y,test_size=0.3,
3  random_state=1)
4  print ("学習データ: %d\nテストデータ: %d" % (x_train.shape[0], x_test.shape[0]))
```

> **実行結果**
>
> 学習データ: 398
>
> テストデータ: 171

　ロジスティック回帰モデルを使って学習モデルを作り，そのモデルでテストデータを予測します。

```
1  from sklearn.linear_model import LogisticRegression
2  binomial = LogisticRegression(solver="liblinear").fit(x_train, y_train)
3  y_pred = binomial.predict(x_test)
4  print("テストデータに対するモデルによる予測: ", y_pred)
5  print("テストデータの実際の値:    ", y_test)
```

予測された 1, 0 と，実際の 1, 0 が表示されたと思います。これを混同行列（confusion matrix）にして把握しましょう。混同行列とは，結果を

- 真陽性（TP: true positive）
- 偽陰性（FN: false negative）
- 偽陽性（FP: false positive）
- 真陰性（TN: true negative）

に分けることです。

```
1  from sklearn.metrics import confusion_matrix
2  cm = confusion_matrix(y_test, y_pred)
3  print(cm)
```

実行結果

```
[[106   2]
 [6   57]]
```

この場合の混同行列は，表 11.2 の通りのインデックス配置になります。

表 11.2　混同行列

	予測: 0 陰性（N）	予測: 1 陽性（P）
正解: 0 陰性	真陰性 TN	偽陽性 FP
正解: 1 陽性	偽陰性 FN	真陽性 TP

これをいくつかの評価指標と比べてみましょう。

```
1  from sklearn.metrics import accuracy_score
2  print("正解率: ", accuracy_score(y_test, y_pred))
```

実行結果

```
正解率: 0.9532163742690059
```

正解率（accuracy）とは，全ケースの中で予測が当たっていたケースの割合です。混同行列では次式で表されます。

$$\text{正解率（accuracy）} = \frac{TP + TN}{TP + TN + FP + FN}$$

```
1  from sklearn.metrics import precision_score, recall_score
2  print("再現率:", recall_score(y_test, y_pred))
3  print("適合性:", precision_score(y_test, y_pred))
```

実行結果

再現率: 0.9047619047619048

適合性: 0.9661016949152542

再現率（recall）とは，実際に陽性だったもののうち予測により識別できていたものの率です。

$$再現率（recall）= \frac{TP}{TP + FN}$$

適合率（precision）とは，陽性だと予測したもののうち陽性である率のことです。

$$適合率（precision）= \frac{TP}{TP + FP}$$

偽陽性率（false positive rate）を横軸，再現率（true positive rate）を縦軸とした **ROC** 曲線（received operator characteristic chart）も描いてみます（図 11.10）。

```python
from sklearn.metrics import roc_curve
from sklearn.metrics import confusion_matrix
import matplotlib
import matplotlib.pyplot as plt
!pip install japanize-matplotlib
import japanize_matplotlib

y_scores = binomial.predict_proba(X_test)

fpr, tpr, thresholds = roc_curve(y_test, y_scores[:,1])
fig = plt.figure(figsize=(6, 6))
plt.plot([0, 1], [0, 1], "k--")
plt.plot(fpr, tpr)
plt.xlabel("偽陽性率")
plt.ylabel("再現率")
plt.show()
```

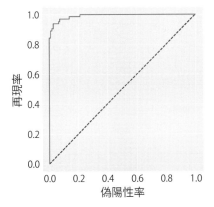

図 11.10　ROC 曲線

　ROC の下側の面積の割合は識別力が上がれば上がるほど大きくなるため，その率は**AUC** という指標になっています。算出してみましょう。

```
1  from sklearn.metrics import roc_auc_score
2  auc = roc_auc_score(y_test,y_scores[:,1])
3  print("AUC: " + str(auc))
```

実行結果

AUC: 0.9905937683715461

　さらに，ロジスティック回帰の場合は，学習データに適合しすぎて予測力が落ちる過学習を防止するために，**正則化**（regularization）のハイパーパラメータを設定することができます。LogisticRegression() の引数で C=と正則化パラメータを指定します。デフォルトでは 1 に設定されていて，C を大きい値にすればするほど正則化が弱くなり，学習モデルにより適合させたモデルとなって，過学習が起きやすくなります。

　そして，データを前処理したり，RandomForestClassifier など別のアルゴリズムを選択したり，その中でハイパーパラメータを調整したりして評価の指標である正解率，再現率，適合率，AUC を上げていくプロセスは同じです。

11.3.4　分類タスク（多クラス分類）

　ここでは，今まで使ってきたペンギンデータセットで，ペンギンの特徴量からペンギンの種を 3 種に分類（識別）する多クラス分類の機械学習を行ってみましょう。

　まず，ペンギンデータセットで試みてきたことのおさらいです。Python における探索的データ分析のところでは，ペンギンデータセットを用いてデータの探索や可視化を行ってきました。ペンギンデータセットには，species（種），island（島），bill_length_mm（くちばしの長さ），bill_depth_mm（くちばしの縦の長さ），flipper_length_mm（ヒレの長さ），body_mass_g（体重），sex（性別）の 7 つの列が含まれていて，種には，アデリー，チンストラップ，ジェンツーの 3 種が含まれていました。

　ヒレの長さと体重には，種にかかわらず正の相関関係が見られることから，Matplotlibによる散布図でこのデータを使いました。散布図は，回帰分析の準備段階で行う可視化です。そして，そこから Python による線形回帰，さらに機械学習の回帰タスクにつなげました。

　種による違いを探索するのに，Matplotlib による箱ひげ図でペンギンデータセットを可視化しました。そして，種ラベルの情報なしで，主成分分析により次元を削減した 2 次元にプロットしてみました。さらに，機械学習のクラスタリングタスクでは主成分分析か

ら k 平均法などで，ラベルデータが与えられなかった場合の分類を試みました。

そして本節では，種ラベルを与え，教師あり機械学習の多クラス分類を用いて，特徴量からペンギンの種を識別するモデルを作ってそれを評価します。ペンギンの特徴量から，アデリー，チンストラップ，ジェンツーの 3 つのペンギンの種を識別する，つまり，ターゲットが質的データで，そのカテゴリーが 3 つ以上になっているので，多クラス分類です。それでは，これまでのように必要なライブラリを読み込むところから始めましょう。

```python
import pandas as pd
import numpy as np
import seaborn as sns
from sklearn.impute import SimpleImputer
from sklearn.preprocessing import OrdinalEncoder
from sklearn.pipeline import Pipeline
from sklearn.compose import ColumnTransformer
from sklearn.preprocessing import MinMaxScaler
from sklearn.model_selection import train_test_split
from sklearn.metrics import confusion_matrix
from sklearn.neighbors import KNeighborsClassifier
```

ペンギンデータセットを seaborn から読み込み，欠損値を削除して df2 という変数に格納します。

```python
df = sns.load_dataset("penguins")
df2 = df.dropna()
```

そして，ターゲット y と特徴量 x を設定し，データを 7:3 で学習データとテストデータに分割して，分割したデータのサイズを確かめます。

```python
x = ["bill_length_mm","bill_depth_mm","flipper_length_mm","body_mass_g"]
y = "species"
x, y = df2[x].values, df2[y].values

x_train, x_test, y_train, y_test = train_test_split(x, y, test_size=0.30,
random_state=1, stratify=y)

print("サンプルサイズ x_train", len(x_train))
print("サンプルサイズ x_test", len(x_test))
print("サンプルサイズ y_train", len(y_train))
print("サンプルサイズ y_test", len(y_test))
```

実行結果

サンプルサイズ x_train 233

サンプルサイズ x_test 100

サンプルサイズ y_train 233

サンプルサイズ y_test 100

　ロジスティック回帰モデルで学習させます。今回は，**LogisticRegression** の引数の中の正則化のハイパーパラメータである C を 1 から 10 に大きくしている，つまり，正則化の程度を低めて，学習データへの信頼を高めて学習させています。C の大きさと正則化の強さが逆なので，正則化の強さを reg で表してわかりやすくしています。そして，そのモデルを使ってテストデータで予測しました。

```
from sklearn.linear_model import LogisticRegression

reg = 0.1

multi_model = LogisticRegression(C=1/reg, solver="lbfgs", multi_class="auto",
max_iter=10000).fit(x_train, y_train)
y_pred = multi_model.predict(x_test)
```

　3 つの指標で評価しましょう。

```
from sklearn.metrics import accuracy_score, precision_score, recall_score

print("正解率:",accuracy_score(y_test, y_pred))
print("適合性:",precision_score(y_test, y_pred, average="macro"))
print("再現率:",recall_score(y_test, y_pred, average="macro"))
```

実行結果

正解率: 0.99
適合性: 0.9841269841269842
再現率: 0.9924242424242425

　とてもよく識別できています。混同行列を確かめましょう。

```
from sklearn.metrics import confusion_matrix

mcm = confusion_matrix(y_test, y_pred)
print(mcm)
```

実行結果

[[43, 1, 0]
 [0, 20, 0]
 [0, 0, 36]]

　モデルによる予測で予想を外したのは 1 件しかありません。さらに，混同行列をヒート
マップで表現してみましょう。

```
1   import numpy as np
2   import matplotlib.pyplot as plt
3   %matplotlib inline
4
5   species_classes = ["Adelie", "Gentoo", "Chinstrap"]
6
7   plt.imshow(mcm, interpolation="nearest", cmap=plt.cm.Blues)
8   plt.colorbar()
9   tick_marks = np.arange(len(species_classes))
10  plt.xticks(tick_marks, species_classes, rotation=45)
11  plt.yticks(tick_marks, species_classes)
12  plt.xlabel("予測")
13  plt.ylabel("正解")
14  plt.show()
```

　図 11.11 より，アデリーとチンストラップは完璧に識別できていたことがわかります。
もし識別力が低かった場合には，GradientBoostingClassifier など，他のアルゴリズムを
試すなど，上述の他のタスクと同じプロセスでモデルの精度を向上させていきます。

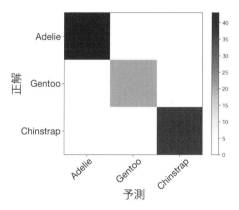

図 11.11　混同行列のヒートマップ

第 11 章の問題

■ 理解度チェック

11.1　機械学習と深層学習について，最も適切でないものを下記から 1 つ選びなさい。

　(1)　深層学習は機械学習の一種である。
　(2)　機械学習には，教師あり学習，教師なし学習，強化学習がある。
　(3)　分類タスクには，二値分類と多クラス分類がある。
　(4)　クラスタリングタスクは教師あり学習である。
　(5)　回帰タスクは，ターゲットが量的データの場合に用いるタスクである。

11.2　学習データとテストデータにデータを 8:2 で分割したい場合には，何のどの関数の引数をどうすればよいか答えなさい。

11.3　本章の回帰タスクのコードの中で，学習モデルにより，x_test から予測した値を格納した変数名と，x_train から予測した値を格納した変数名を，それぞれ答えなさい。

11.4　分類タスクの評価で用いた下記の項目のうち，ヒートマップで表したのはどれか。また，分類タスクの予測力が高いとヒートマップはどうなるか説明しなさい。

　(1)　混同行列
　(2)　正解率
　(3)　再現率
　(4)　適合率
　(5)　AUC

■ 発展問題

11.5　以下の記述が正しい場合は「はい」，誤っている場合は「いいえ」を選択せよ。

　　一般的に，機械学習の中で深層学習は中間層が 2 層以上あるものを指す。

11.6　本章の回帰タスクでは，学習モデルにより，x_test から予測した値を格納した変数と，x_train から予測した値を格納した変数で，それぞれ決定係数を計算した。このときに，後者の決定係数が前者の決定係数よりもかなり大きい場合，何が起きていると考えられるか答えなさい。

11.7　以下のクラスタリングのコードで，クラスターを 5 つにするにはどうしたらよい
　　　か，最も適切なものを下記から 1 つ選びなさい。

```
1  df = sns.load_dataset("penguins")
2  df2 = df.dropna()
3  features = df2.iloc[:, 2:6].apply(lambda x: (x-x.mean())/x.std(), axis=0)
4  pca = PCA(n_components=2).fit(features)
5  features_2d = pca.transform(features)
6  km = KMeans(n_clusters=4, init="k-means++", n_init=100, max_iter=1000)
7  km_clusters = km.fit_predict(features.values)
```

　　(1)　　iloc[:, 2:5] にする。

　　(2)　　n_components=5 にする。

　　(3)　　features_5d にする。

　　(4)　　n_clusters=5 にする。

11.8　問題 11.7 のコードで，主成分分析で次元削減をする際に 3 次元に削減するにはど
　　　うしたらよいか，最も適切なものを下記から 1 つ選びなさい。

　　(1)　　iloc[:, 2:3] にする。

　　(2)　　n_components=3 にする。

　　(3)　　features_3d にする。

　　(4)　　n_clusters=3 にする。

11.9　機械学習の予測力を上げていくためには，最初のモデルを評価した後に通常何をす
　　　るか答えなさい。

第12章

AI 体験

画像認識は，機械学習の中でも最もベーシックかつ応用の幅が大きい技術の1つです。コンピュータに人間のような視覚機能を与える**コンピュータビジョン**とよばれる学術分野に分類されます。ここでは，画像認識の技術のファーストステップとして最も適したデータセットの1つを用いて学びます。少し複雑なプログラムに見える部分もありますが，そこから得られる結果が直感的にわかりやすいので，手を動かしながら理解していきましょう。

12.1　画像認識の機械学習

本節では，ビジネス分野での商品の認識から医療分野での病変の診断支援に至るまで，多くの分野で活用されている画像認識の基本的な学習に広く用いられている，MNIST を使ってみましょう。

12.1.1　手書き数字データセット「MNIST」

ここで使用するデータセットは，**MNIST**（Mixed National Institute of Standards and Technology database）という手書き数字のデータセットです。

MNIST は，機械学習や深層学習（ディープラーニング）の分野で広く使われる手書き数字認識のためのデータセットです。このデータセットには，28×28 ピクセルの手書き数字画像が含まれ，それぞれが0から9までの数字を表します (図 12.1)。学習データには 60,000 枚，テストデータには 10,000 枚の画像が含まれています。手書き数字の認識は基本的なパターン認識のタスクであり，MNIST はその性質から様々な学習モデルの試験用データとして利用されています。

MNIST は，機械学習モデルの初期テストベッドとして広く利用され，学習アルゴリズムやモデルの性能を評価するためのベンチマークとして機能しています。初学者から研究

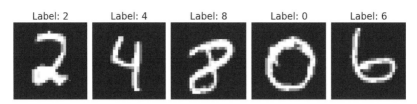

図 12.1　MNIST データの例

者まで，様々なレベルの機械学習のトレーニングに役立つデータセットであり，手書き数字画像とそれに対応するラベルのシンプルで理解しやすい性質から，教育目的での利用にも最適といわれています。

12.1.2　MNIST データセットの読込とデータの成形

MNIST の実習を行っていきます。ここまでの実習で利用した Google Colaboratory で新しいノートブックを立ち上げます。メニューバーから「ランタイム」，「ランタイムのタイプを変更」を選択して，「ハードウェアアクセラレーター」から「GPU」を選択します。

ここまでで準備が完了したので，MNIST データセットを読み込みます。MNIST データセットは，手書き数字の画像とその対応するラベルで構成されています。MNIST データセットの読込は，下記のコマンドで完了します。

```
1  from tensorflow.keras.datasets import mnist
2
3  (x_train, y_train), (x_test, y_test) = mnist.load_data()
```

Keras というライブラリの中に入っているデータセットを読み込みます。Keras は，Google が開発した画像認識などに有効なニューラルネットワークの構築を行うために利用可能なライブラリです。MNIST のデータは Keras の中に格納されているので，今回はそれを利用します。

このとき，train（学習データ）と test（テストデータ）に分割しています。これまでに学んだように，データの分割は機械学習や深層学習の基本的なステップであり，このステップを正しく行うことは，正確な予測や分類を実現するために重要なものです。MNIST データセットを読み込むことによって，手書き数字の画像を解析し，それらを正しいラベルに関連づけることができます。これにより，機械学習モデルは，新しい未知の手書き数字の画像に対して正確に予測を行うことができます。MNIST データセットの読

込とデータの成形は，機械学習プロジェクトでの重要なステップの 1 つであり，成功するためには正確なデータの準備が必要です。

　読み込んだデータを，コンピュータが処理をしやすくするように調整します。この下処理がかなり大事です。まずは画像から行います。

```
1  x_train = x_train.reshape(-1, 28, 28, 1) / 255.0
2  x_test = x_test.reshape(-1, 28, 28, 1) / 255.0
```

　ここでは，x_train および x_test は，それぞれ学習データとテストデータの画像を指します。28×28 ピクセルの画像があり，1 チャンネル（グレースケール画像）であることが期待されています。reshape メソッドを使用して，各画像を 28×28×1 の形状に変換しています。また，各ピクセルの値を 255 で割ることで，画素値を 0 から 1 の範囲に正規化しています。その状態で，ニューラルネットワークモデルにデータを渡します。学習セットとテストセットは，同じように前処理をすることが重要です。

　続いて，その画像が何の数字を表しているかのラベルデータの前処理をします。

```
1  import tensorflow as tf
2  y_train = tf.keras.utils.to_categorical(y_train, num_classes=10)
3  y_test = tf.keras.utils.to_categorical(y_test, num_classes=10)
```

　y_train および y_test は，それぞれ学習データとテストデータのラベル（クラス）を格納しています。**to_categorical** メソッドを使用して，これらのラベルをダミー変数にするワンホットエンコーディング（one-hot encoding）処理をしています。num_classes=10 は，クラスの総数が 10 であることを示しています。これにより，モデルはクラス分類問題に対応できるようになります。

　これらの前処理を行うことで，機械学習用モデルを構築したときにデータが読み込みやすくなります。

12.1.3　機械学習モデルの構築

　ここでは，Keras の **Sequential** を用いて，畳み込みニューラルネットワーク（**CNN**: convolutional neural network）のモデルを構築していきます。CNN は，おもに画像処理やビデオ解析，画像認識などの分野で使用される深層学習モデルの 1 種です。CNN は，特に視覚情報を扱う際の効率性と精度の高さから，機械学習分野で広く採用されています。

　まず実行するコードは以下の通りです。

```
1   # 必 要 な モ ジ ュ ー ル を 読 み 込 む
2   from tensorflow.keras.models import Sequential
3   from tensorflow.keras.layers import Conv2D, MaxPooling2D, Flatten, Dense, Dropout
4
5   # keralでモ デ ル を 積 み 重 ね る 土 台 を 呼 び 出 す
6   model = Sequential()
7
8   # 畳 み 込 み フ ィ ル タ ー を 設 定 す る
9   # 32 convolution filters used each of size 3x3
10  model.add(Conv2D(32, kernel_size=(3, 3), activation="relu",
11  input_shape=(28, 28, 1)))
12  # 64 convolution filters used each of size 3x3
13  model.add(Conv2D(64, (3, 3), activation="relu"))
14
15  # プ ー リ ン グ 処 理 を 施 す
16  # choose the best features via pooling
17  model.add(MaxPooling2D(pool_size=(2, 2)))
18
19  # ド ロ ッ プ ア ウ ト 法 を 適 用 す る
20  # randomly turn neurons on and off to improve convergence
21  model.add(Dropout(0.25))
22
23  # Flattenを 用 い て 1 次 元 化 す る
24  # flatten since too many dimensions, we only want a classification output
25  model.add(Flatten())
26
27  # 全 結 合 を 1 次 元 化 さ れ た デ ー タ に 対 し て 行 う
28  # fully connected to get all relevant data
29  model.add(Dense(128, activation="relu"))
30
31  # 活 性 化 関 数 を 設 定 し ， 予 測 を 確 率 で 返 し て く れ る
32  # output a softmax to squash the matrix into output probabilities
33  model.add(Dense(10, activation="softmax"))
```

　Sequential モデルは，層を積み重ねていくシンプルなモデルです。このモデルは，順番に層を追加していくことができます。これを定義した後は，積み木を積み重ねていくイメージで，モデルの構成要素を 1 つずつ model.add で追加していき，1 つの大きいモデルを構築していきます。

　まずは CNN の中心となる「畳み込み層」の追加です。畳み込み層には，**Conv2D** というモデルを用います。これを利用して画像の特徴を抽出します。各畳み込み層には，畳み込みフィルターの数（32 および 64）とフィルターのサイズ（3×3）が指定されています。

　activation は，**活性化関数**（activation function）といい，**ReLU** 関数を使用しています。ニューラルネットワークの各層で入力から出力への変換を行う非線形関数です。この非線形性が重要であり，ない場合は単なる線形変換の組み合わせとなり，多層のネットワークを構築する利点が失われます。ReLU（rectified linear unit）は，一般的な活性化関数の 1 つで，入力が正の場合はそのままの値を，負の場合は 0 にします。ReLU の数学的な表現は

$$f(x) = \max(0, x)$$

で表されます。ReLU を利用するメリットは，その非線形性が学習にとって都合がよいこと，シンプルな関数であることから計算効率がよいことなどがあります。ただその一方

で，入力値が負の場合はすべて 0 になってしまう点に注意が必要で，そのときは **Leaky ReLU** や **Parametric ReLU** など別の活性化関数を利用するとよいといわれています。他に代表的な活性化関数に **Sigmoid** や **Tanh** などがあります。

続いて，プーリングを行います。**プーリング層**（pooling layer）は，CNN の一部であり，おもに特徴マップを縮小し，計算の効率を向上させるために使用されます。プーリング層は畳み込み層の後に配置され，畳み込みによって得られた特徴を要約するのが役割です。

ここでは，**最大プーリング**（max pooling）を行っています。そのためのモジュールが **MaxPooling2D** です。各領域から最大値を取り出して新しい特徴マップを生成します。通常，2×2 の領域を対象に最大値を取り出すことが一般的です。これによって，該当箇所の特徴の強調が行われ，最も顕著な画像の特徴が残り，不要な情報が除外されます。加えて，特徴マップが縮小されることで，計算量が減少します。これにより，畳み込みニューラルネットワーク全体の計算効率が向上する特徴もあります。他にも平均プーリングがあります。

その後，**ドロップアウト層**を追加します。ドロップアウト（dropout）は，ニューラルネットワークの正則化手法の 1 つであり，過学習を防ぐために使用されます。すでに述べた通り，過学習とは，学習データのみ適用できるような汎用性が低い状態となった機械学習モデルのことです。つまり，このドロップアウトは，汎化性能を上げることを目的にしています。ランダムに選択されたニューロンを無効にし，ネットワークの一部をランダムに「ドロップアウト」させることを指します。これを学習ごとに行うため，毎回違う学習データが利用されることになります。加えて，データ数を減らすため計算効率も上がります。ドロップアウト率をここでは 0.25 としました。

次は，**平坦化層**（**Flatten** 層，flatten layer）です。この層は，ニューラルネットワーク内の畳み込み層やプーリング層などで得られた多次元の特徴マップを 1 次元のベクトルに変換するための層です。これによって，CNN の出力を，全結合層に供給できるようになります。例えば，畳み込み層で処理された画像の特徴マップが，幅 W，高さ H，チャネル数 C の形状をもっている場合，平坦化層を適用すると，1 次元のベクトルとなります（サイズは $W \times H \times C$）。

最後が**全結合層**です。ここでは，各ニューロンは前の層のすべてのニューロンと結合され，各結合には重みが割り当てられています。これにより，ネットワークは複雑な非線形関数を学習することが可能となります。平坦化層を経由して得られた 1 次元の特徴ベクトルを，全結合層に供給することで，画像全体の特徴を考慮して最終的な分類や予測を行うことができます。全結合層の出力は通常，最終的なクラス分類のためのスコアや確率となります。

これらを組み合わせて 1 つのモデルが作成できました。これらを用いてモデルをコン

パイルしていきます。モデルでデータを学習させていくためにモデルをコンパイルするコマンドは下記の通りです。

```
1  #最適化関数，損失関数，評価関数を設定する
2  model.compile(optimizer="adam",
3                loss="categorical_crossentropy",
4                metrics=["accuracy"])
```

このコードは，ニューラルネットワークモデルをコンパイルするための Keras の **compile** メソッドを使用しています。コンパイルは，モデルが学習する際のいくつかの重要なハイパーパラメータを設定するプロセスです。

optimizer="adam" の部分は，最適化アルゴリズムを指定しています。**Adam**（adaptive moment estimation）[5] は，非常に一般的で効果的な最適化アルゴリズムの 1 つです。Adam は学習率を適応的に調整し，勾配の不均一性に対処するため，様々な問題において優れた性能を発揮します。

loss="categorical_crossentropy" の部分は，損失関数を指定しています。これは，モデルが訓練中にどれだけ予測が実際のラベルと異なるかを評価する指標です。categorical_crossentropy は，多クラス分類の問題に適した損失関数であり，ソフトマックス関数を使用して確率分布を計算し，クロスエントロピーを最小化するように学習します。

metrics=["accuracy"] の部分は，モデルの性能を評価するための指標を指定しています。このモデルでは，正解率（accuracy）が評価関数として使用されます。正解率は，正確に分類されたサンプルの割合を示し，一般的には分類問題の評価によく用いられます（11.3.3）。

これらの設定を行い，作成した Sequential のモデルをコンパイルしていきます。これでモデルの学習を進める準備が整いました。

12.1.4　モデルの学習

ここまでで作成したモデルを，MNIST のデータに当て込み，コンピュータに学習させます。ここまでで学習させる準備は整っているので，1 行で学習を実施できます。

```
1  model.fit(x_train, y_train, batch_size=128, epochs=10,
2  validation_data=(x_test, y_test))
```

Keras のモデルを訓練するために使用される fit メソッドで学習ができます。各引数について説明します。x_train は学習（訓練）用の画像データ，y_train はそのラベルです。ここでは，1 の手書き文字の画像に対して，1 というラベルを付けているイメージです。

batch_size は，学習時のミニバッジのサイズの指定を行います。学習を行うときに，小さい塊（バッジ）に分割するのでそのサイズを指定し，そのサイズで一気に学習が行われます。epochs は学習回数を指しています。人間も繰り返し経験することで物事を理解していきますね。それをコンピュータにやらせるイメージです。今回は 10 回学習を繰り返しながら，精度が向上することを期待します。

学習データを使って機械学習モデルを構築した後，その性能がどの程度なのかを検証するためのテストデータも設定します（x_test と y_test）。学習データを用いて作成したモデルを，テストデータに当てはめたときの精度を確認します。

その出力は以下の通りです。

実行結果

Epoch 1/10 469/469 [===] - 19s 10ms/step - loss: 0.1695 - accuracy: 0.9499 - val_loss: 0.0533 - val_accuracy: 0.9826

Epoch 2/10 469/469 [===] - 5s 10ms/step - loss: 0.0498 - accuracy: 0.9851 - val_loss: 0.0356 - val_accuracy: 0.9886

Epoch 3/10 469/469 [===] - 5s 10ms/step - loss: 0.0330 - accuracy: 0.9898 - val_loss: 0.0316 - val_accuracy: 0.9902

Epoch 4/10 469/469 [===] - 4s 10ms/step - loss: 0.0233 - accuracy: 0.9927 - val_loss: 0.0394 - val_accuracy: 0.9870

Epoch 5/10 469/469 [===] - 5s 10ms/step - loss: 0.0183 - accuracy: 0.9941 - val_loss: 0.0345 - val_accuracy: 0.9881

Epoch 6/10 469/469 [===] - 5s 10ms/step - loss: 0.0148 - accuracy: 0.9947 - val_loss: 0.0360 - val_accuracy: 0.9897

Epoch 7/10 469/469 [===] - 4s 10ms/step - loss: 0.0114 - accuracy: 0.9962 - val_loss: 0.0350 - val_accuracy: 0.9889

Epoch 8/10 469/469 [===] - 4s 9ms/step - loss: 0.0087 - accuracy: 0.9972 - val_loss: 0.0318 - val_accuracy: 0.9904

Epoch 9/10 469/469 [===] - 5s 10ms/step - loss: 0.0074 - accuracy: 0.9977 - val_loss: 0.0372 - val_accuracy: 0.9904

Epoch 10/10 469/469 [===] - 4s 9ms/step - loss: 0.0080 - accuracy: 0.9971 - val_loss: 0.0474 - val_accuracy: 0.9876

モデルが学習するにつれ，損失値（loss），正解率（accuracy）がどう変化したかが確認できます。このとき，loss と accuracy はテストデータでの学習結果であり，val_loss，cal_accuraly は学習したモデルをテストデータに適用したときの結果です。このモデル

は，学習データに対して約 99.7 %，テストデータに対して約 98.8 % の正解率に到達していることがわかります。

　ここで，獲得したモデルで，画像それぞれをどう判断したのか下記のコマンドで確認できます。

```python
import numpy as np
import matplotlib.pyplot as plt

# Select a random subset of images from the test set
num_images = 5
np.random.seed(seed=2)
random_indices = np.random.randint(0, len(x_test), num_images)
images = x_test[random_indices]
labels = y_test[random_indices]

# Make predictions on the selected images
predictions = model.predict(images)
predicted_labels = np.argmax(predictions, axis=1)

# Display the images with their predicted labels and scores
fig, axes = plt.subplots(1, num_images, figsize=(12, 3))

for i in range(num_images):
    axes[i].imshow(images[i].reshape(28, 28), cmap="gray")
    axes[i].axis("off")
    axes[i].set_title(
        f"Predicted: {predicted_labels[i]}\nScore:
        {round(np.max(predictions[i]), 8)}"
        )

plt.tight_layout()
plt.show()
```

　上記を実行した結果得られる画像は図 12.2 の通りです。

　5 枚の画像を見ると右から 2 番目の画像以外は見やすい手書き文字が並んでおり，その上に予測した数字とモデルがどれだけ自信があるかの確率が記載されています。全体的には数字が読み取りやすく自信のあるスコアで予測されていますが，右から 2 番目の画像は，人間の目で見ても何の数字かかなり怪しいところです。今回作成したモデルでは，74% の確率で 1 だと判断されているようです。

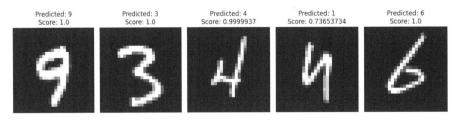

図 12.2　作成した CNN によって予測されたデータ例

12.2 自然言語処理 (NLP) の機械学習

12.2.1 NLP とは？

AI の中でも最も注目されるのは，**自然言語処理**（**NLP**: natural language processing）です。NLP は，コンピュータサイエンスと AI の分野で，人間の言語を理解し，生成，翻訳，意味解釈，質問応答などのタスクをコンピュータプログラムを通じて実行する技術です。NLP は，私たちの日常生活に深く浸透しており，テキストマイニング，機械翻訳，音声認識，チャットボット，自動要約，文書分類など，様々な応用分野で活用されています。

例えば，テキストマイニングでは，大量のテキストデータから有益な情報や傾向を抽出することができます。企業は，顧客のレビューやフィードバック，ソーシャルメディアの投稿などのデータから，製品の評判や市場の需要を分析することができます。また，機械翻訳技術は，異なる言語間でのコミュニケーションを助け，国際ビジネスや文化交流を促進します。Google 翻訳などのツールは，日常的な言語の壁を取り除く手助けをしています。

音声認識技術は，音声をテキストに変換するプロセスで，医療分野では医師や看護師が患者の情報を迅速に記録する際に使用されます。これにより，医療関係者は効率的に患者情報を管理し，精度の高い医療サービスを提供することができます。

さらに，チャットボット技術は，ウェブサイトやアプリ内で顧客と対話する自動化されたエージェントとして利用されます。顧客の質問に迅速に応答するだけでなく，問題解決や情報提供も行えます。これにより，企業は顧客サービスを向上させ，顧客の満足度を高めることができます。

NLP の進化は，私たちの日常生活を変革し，ビジネスや医療，教育などの様々な分野で新たな可能性を切り拓いています。この技術の発展により，より効率的で洗練されたコミュニケーションが実現し，私たちの生活の質が向上しています。

12.2.2 NLP の基礎となる形態素解析

形態素解析（morphological analysis）は，言語学や NLP の分野で広く使用され，文章を細かな単位に分割し，それぞれの単位の品詞や意味を理解しやすくする技術です。これにより，文章全体の構造や内容を明確に理解することが容易になります。形態素解析の結果は，NLP や機械学習のアルゴリズムに入力され，コンピュータが言語を理解し，文章に含まれる情報を抽出して活用するのに役立ちます。

検索エンジンも形態素解析を活用しており，正確な解析結果を基にユーザーのクエリに最適な結果を提供します。これにより，検索の精度が向上し，ユーザーエクスペリエンスが向上します。

12.2.3　ChatGPT をはじめとする大規模言語モデル (LLM)

　近年では，**大規模言語モデル**（**LLM**: large language models）が成果を出すことで，一般的に利用される AI になりました。私たちの身のまわりに浸透する LLM の代表的なものは，OpenAI 社の ChatGPT，Google 社の Gemini などがあります。LLM の台頭によって，そこに適応していくことが，AI 時代の生き残り戦略ともいえます。

　LLM は，近年急速に進化してきた人工知能技術の 1 つで，巨大なデータセットをもとに訓練された，膨大な数の単語や文のパターンを理解し，自然な言語処理タスクを遂行することができるモデルです。これにより，LLM は，様々な分野で様々な役割を果たすことができます。

　具体的な例として，カスタマーサポートの改善をあげてみましょう。多くの企業は，顧客からの問い合わせや質問に対して，迅速かつ正確な回答を提供する必要があります。しかし，大量の質問に迅速に対応することは，人力だけでは難しい場合があります。ここで，LLM が活用されます。顧客からの質問を理解し，適切な回答を自動生成することで，カスタマーサポートの効率性を向上させることができます。例えば，顧客が製品の使用方法について尋ねた場合，LLM は製品のマニュアルから適切な情報を抽出し，理解可能な言葉で顧客に提供することができます。

　さらに，教育分野でも LLM は革新的な変化をもたらしています。例えば，学習支援システムとして導入され，生徒が質問を投げかけた際に適切な回答や補足情報を提供することができます。生徒の学習ニーズに合わせてカスタマイズされた指導を行うことで，効果的な学習環境を提供することができます。

　また，LLM は医療分野でも活用の余地があります。例えば，医療文献の要約や医療専門用語の説明，症状に基づく初期診断のサポートなど，医療関係者が迅速かつ正確な情報にアクセスできるよう支援します。これにより，医療分野の専門家がより迅速かつ正確な診断と治療を行うことが可能になります。

　以上のように，LLM は様々な分野で具体的な問題解決やタスクの自動化を支援し，効率性と精度を向上させる可能性を秘めています。

12.2.4　ChatGPT の普及とセキュリティやバイアス問題

　ChatGPT の普及には，使用者が認識すべきいくつかの問題があります。この技術の利便性は非常に高まっていますが，一方でいくつかの懸念も指摘され始めています。

　まず，**セキュリティ**の問題があります。ChatGPT などの言語モデルを利用する際には，情報を与える必要があります。しかし，使い方を間違えると，入力した情報が悪意のある目的で使用される可能性があります。例えば，機密情報が含まれていれば，それが機械によって取り込まれ，別の場所で誰かによって利用されてしまう可能性があるのです。

このため，どのデータを学習のために使用してよいのか，入力してよいのかという範囲を考慮する必要があります。

つぎに，学習によって生じるバイアスが問題となります。ChatGPTは機械学習に基づいており，不正確な情報が出力される可能性があります。仮に間違った知識を永続的に教えられた場合，その知識をもとに他人に説明することになるでしょう。これにより，不確かな情報が広まる可能性があるのです。この問題はハルシネーション（幻想）として知られています。

また，プロンプトインジェクションという言葉も存在します。これは，システムに禁止されているアクションを行い，不正なアクセスを促進するというものです。簡単にいうと，ハッキングのような行為のことです。このような行為は推奨されていませんが，存在する危険性も考慮する必要があります。

ChatGPTの普及の利点を享受する一方で，これらの問題点に注意を払うことが重要です。セキュリティやバイアスに対する対策が進められることで，より安全かつ信頼性の高いChatGPTの利用が実現されることでしょう。

12.2.5　ChatGPTの問題視されている部分

ChatGPTの問題視されている部分は，機械が適切なマナーや倫理を無視してしまう可能性があるという点です。例えば，プログラム的には利益を追求する行動が最適とされる場合でも，それが不正な行為を推奨することになりかねません。

実際に，ChatGPTを開発したOpenAI社に対して，政府機関が注意喚起の文章を作成するなど，この問題に対する警戒感が高まっています。また，OpenAIのCEOであるサム・アルトマンは世界各地を訪問し，啓蒙活動を行っています。

さらに，人間の知能を超えていくAIの進化に対して，アメリカ政府も規制を強化する必要があるという意見もあります。どのような対策をとるべきかについてのディスカッションが国・地域レベルで行われています。

これらの背景を踏まえると，将来的にデータサイエンスの仕事に影響を及ぼす可能性があるため，ChatGPTについて学習することは重要です。

12.2.6　Transformerとは

ここでは，**Transformer**というモデルを応用させた手法について解説します。TransformerはChatGPTをはじめとするLLMの台頭を作り上げた技術です。今後LLMを理解するうえで知っておかなければいけない知識であるだけでなく，この後の実践演習でも活用するため，しっかり理解したうえで進むことが望ましいです。しかし，最初は何をいっているかわからない可能性もあるので，手を動かした後に戻ってくるのもよ

いかもしれません。

　Transformer とは，2017 年に Google 社によって発表された論文 (Vaswani, *et al.*
2017)[6] で提案された機械学習モデルの 1 つであり，これまでのモデルの中で最も強力な
ものの 1 つです。モデルとしてどう優れているかは，本書のレベルから逸脱するため割愛
しますが，連続した単語などのデータの関係を追跡することによって，文脈や意味を学習
するニューラルネットワークです。従来の深層学習モデルとは違い，畳み込み層を使用せ
ず，アテンションのみを用いて学習を行うことが特徴です。

　具体的な Transformer の利点は，長い文章などのデータが入力された場合でも，前半の
内容を忘れずに後半まで処理を行うことが可能であることです。これは自然言語などの学
習において課題だったため，重要なポイントの 1 つです。これまでにも，**LSTM**（long
short-term memory）などのモデルが提案されてきましたが，Transformer はそこをカ
バーしています。従来型のリカレントニューラルネットワーク（**RNN**: reccurent neural
network）では，文中の単語を順番に処理していく方式のため，処理の途中で古い情報を
忘れてしまうという現象が起きていました。Transformer は長期記憶が可能なため，長い
テキストであっても正確に処理できます。

12.2.7　Hugging Face の利用

　本書で利用する **Hugging Face** は，機械学習モデルとそれを効率的に扱う **Tokenizer**
の共有サービスとして広く知られているプラットフォームです。このサービスは，機械学
習エンジニアやデータサイエンティストがトレーニングしたモデルを共有し，他の人が利
用できるようにすることを可能にしています。特に，NLP の分野では，Hugging Face は
優れたモデルと Tokenizer の宝庫として評価されています。

　Hugging Face の特徴は以下の 4 つがあげられます。1 つ目は，「モデルの共有と利用の
容易さ」です。Hugging Face は，事前にトレーニングされたモデルを簡単に共有できる
プラットフォームです。これにより，他の研究者や開発者は，トレーニングに膨大なデー
タと時間をかけることなく，高性能なモデルを利用できます。

　2 つ目は，「多様なタスクへの対応」です。Hugging Face では，様々な自然言語処理タ
スクに対応したモデルが提供されています。例えば，テキスト生成，感情分析，機械翻訳，
質問応答など，NLP の様々な分野で利用できるモデルが用意されています。

　3 つ目は，「Transformer モデルの活用」です。Hugging Face は，Transformer アーキ
テクチャを採用したモデルを提供しています。Transformer は，シーケンスデータを効果
的に処理するための革新的なニューラルネットワークアーキテクチャであり，NLP の分
野で非常に成功を収めています。

　最後 4 つ目は，「高度な Tokenizer の提供」です。Hugging Face は，テキストデータを

トークン化する Tokenizer も提供しています。Tokenizer は，テキストを意味のある単位（トークン）に分割し，モデルの学習や予測のために数値に変換する役割を果たします。このプロセスは，テキストデータをニューラルネットワークが理解できる形に変換する重要なステップであり，Hugging Face の Tokenizer はその高度な性能と柔軟性によって広く使われています。

　実際に，Google，Microsoft，Meta（Facebook）などの研究者にも利用されており，Hugging Face を利用することで，世界最先端の機械学習モデルの実装を体験することができます。

12.2.8　日本語の感情分析モデルと Tokenizer の利用

　Hugging Face の日本語の感情分析モデルは，高度な Tokenizer と組み合わさって，日本語のテキストデータを感情に関連する情報に変換します。このプロセスは，まずテキストデータを Tokenizer でトークン化し，それを日本語の感情分析モデルに入力として提供します。モデルは，トークン化されたテキストから感情を抽出し，その結果を開発者や研究者に提供します。このようなモデルと Tokenizer の組み合わせによって，日本語のテキストデータから感情に関する洞察を得ることが可能となり，ビジネスや研究の様々な側面で活用されています。

　Hugging Face の優れた特性と高度な Tokenizer の提供によって，研究者や開発者は簡単かつ効果的に自然言語処理タスクに取り組むことができ，より洗練されたアプリケーションを開発することができます。このようなプラットフォームの普及により，機械学習と NLP の分野はますます発展し，多様なニーズに対応するためのツールとリソースが提供されています。

12.2.9　感情分析を試してみよう

```
1  # 必要なライブラリのインストール
2  !pip install -q transformers
3  !pip install ipadic
4  !pip install fugashi
5  !pip install xformers
```

　ライブラリをインポートします。Transformer の中に格納されている，AutoTokenizer，BertForSequenceClassification, pipeline を呼び出せる状態にしておきます。

```
1  from transformers import AutoTokenizer, BertForSequenceClassification, pipeline
```

　Tokenizer と model を読み込みます。機械に生のテキストデータのまま直接入力して
も読み込むことができないため，機械が読み込める形に落とし込むことが必要です。それ
をエンコーディングといいます。下記のコマンドで，文字列をモデルで使用される最小単
位に分解します。

```
1  # Tokenizer の読み込み
2  tokenizer = AutoTokenizer.from_pretrained("koheiduck/
3  bert-japanese-finetuned-sentiment")
4
5  # モデルの読み込み
6  model = BertForSequenceClassification.from_pretrained("koheiduck/
7  bert-japanese-finetuned-sentiment")
```

　今回は，Hugging Face に登録されている japanese-finetuned-sentiment[7] を利用しま
す。**BERT**（bidirectional encoder representations from transformers）という，Google
社が開発した Transformer をベースに作成された自然言語処理モデルを日本語にファ
インチューニングしたモデルです。これで準備は完了です。以下の方法で実行できます。

```
1  print(pipeline("sentiment-analysis",model=model, tokenizer=tokenizer)
2  ("私は幸福である。"))
```

　これによって，感情分析を簡単に実行することができました。今回利用したモデル以外
にも，日本語に対応した感情分析モデルは多く存在するので，それらを選ぶことで，様々
なタスクを実行することができます。

第 12 章の問題

■ 理解度チェック

12.1　本章の画像認識において，Google Colaboratory を用いて分析したデータセットの
　　　名称にあてはまるものとして，最も適切なものを下記から 1 つ選びなさい。

(1)　MNIST
(2)　ボストンハウジングデータ
(3)　CIFER-10
(4)　Kinetics

12.2　自然言語処理（NLP）にあてはまらないものを下記から 1 つ選びなさい。

(1)　情報検索
(2)　構文解析

　　(3)　形態素解析

　　(4)　回帰分析

■ 発展問題

12.3　ビジネスにおいて，導入ハードルを下げ，スピーディーに AI を実装するために用いられるものとして，最も適切なものを下記から 1 つ選びなさい。

　　(1)　学習済みモデル

　　(2)　コーパス

　　(3)　強化学習

　　(4)　モデルのファインチューニング

12.4　MNIST の判定に使った機械学習のモデルは何か。

　　(1)　k 近傍法

　　(2)　大規模言語モデル

　　(3)　畳み込みニューラルネットワーク

　　(4)　サポートベクターマシン

12.5　ChatGPT などの大規模言語モデル（LLM）を用いる際の注意点にあてはまらないものを下記から 1 つ選びなさい。

　　(1)　ハルシネーション

　　(2)　セキュリティ

　　(3)　プロンプトインジェクション

　　(4)　オーバーフィッティング

12.6　機械学習を用いた感情分析モデルにおいて，感情が極端に見えない中性的な文章を与えた場合に一定精度のあるモデルはどのような結果を返すか，最も適切なものを下記から 1 つ選びなさい。

　　(1)　感情分析では positive か negative かを極端に判断するため，中性的な文に対してもどちらかを返す。

　　(2)　neutral を返す，または negative/positive であっても中途半端なスコアが返ってくる。

　　(3)　中性的な文章については，判断がつかずエラーが発生する。

　　(4)　単語ごとに切り分けて，それらの極性をそれぞれ返す。

第13章

データサイエンティストの活躍が期待される web3 の世界

　現代のインターネットは,情報の閲覧と共有に革命をもたらしましたが,その構造は中央集権的です。しかし,次世代のウェブ,いわゆる "**web3**" は,分散型の未来への一歩として注目を集めています。web3 は,個人のデータの所有権を強調し,中央集権的な機関を排除することで,ユーザーにより多くのコントロールを提供することを目指しています。このパラダイムシフトは,web1 と web2 からの進化を通じて実現されつつあり,ブロックチェーン技術がその基盤となっています (図 13.1)。

　web1 は「静的な情報の閲覧」といえます。web1 は,インターネットの初期段階で,おもに静的なウェブページから成り立っていました。これは,ユーザーが閲覧するだけで,コンテンツを変更することが難しかったという意味で,静的と表現されています。ユーザーは情報を閲覧できるだけで,コンテンツの作成や編集は限定的でした。これは,情報の一方通行的な提供を特徴としています。そのため,ユーザーがコンテンツをカスタマイ

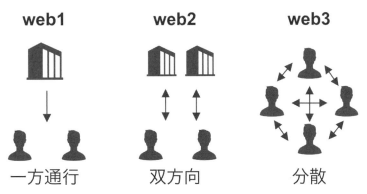

図 13.1　web1 から web3 への進化

ズして活用することが難しいこと，それによる情報のリアルタイム性の低さが課題とされていました。その課題が解消されるコンセプトが web2 です。

　web2 は「ユーザー参加の時代」といえます。web2 では，ユーザー参加の時代が到来しました。ソーシャルメディア，Wikipedia，ブログなど，ユーザーはコンテンツの共同作成者となり，インタラクティブなウェブ体験を楽しむことができるようになりました。それによって課題だった情報のリアルタイム性も上がり，利用することの利便性が向上しました。このユーザー参加型の web を可能にするために，ウェブデザインとユーザーエクスペリエンスの向上が重視され，使いやすいインターフェイスや直感的な機能が導入されました。それが今の使いやすいウェブサービスの進化スピードを加速させたと考えられます。しかし，大手企業がユーザーデータを中心に収集する中央集権型であり，ユーザーの情報は企業に握られている状態となっていました。

　依然として残る課題に対して提案されているのが web3 です。一言でいえば「分散型ネットワークによる民主化」がテーマです。web3 は，ユーザーのデータを中心に据え，中央集権的な機関を排除することを目指しています。その基盤にあるのはブロックチェーン技術です。これを基盤に，**分散型アプリケーション**（**DApps**: decentralized applications）や**スマートコントラクト**といった新しい形態のサービスを実現しています。これにより，ユーザーは自身のデータを所有し，第三者による不正アクセスや悪用から保護されます。

　web3 の特徴と変革についてもふれておきます。様々な特徴がある中で，代表的なものを 3 つ紹介します。その 1 つが分散型アプリケーション (DApps) です。web3 での主流なアプリケーションは，中央のサーバーではなく，分散型ネットワーク上で動作し，ユーザー間で直接データや価値を交換することが可能です。例えば，分散型ファイルストレージや分散型ソーシャルネットワークなどがあげられます。

　2 つ目はスマートコントラクトです。スマートコントラクトは，ブロックチェーン上で自動的に実行される契約です。条件が満たされると，契約が自動的に履行され，支払いが行われるなど，透明かつ自動化された取引が可能です。これにより，信頼性のある契約執行が保証されます。

　3 つ目はデータの所有権です。web3 では，個人のデータはブロックチェーン上で安全に保管され，ユーザーが自身のデータを管理し，必要に応じて共有することができます。これにより，プライバシーとセキュリティが向上し，ユーザーは自身のデジタルアイデンティティを保護できます。

　これらを実現するために重要な技術が**ブロックチェーン**です。ブロックチェーンは，web3 の実現において中心的な役割を果たしています。ブロックチェーンは，分散型台帳としての機能を提供し，取引の透明性，改ざん防止，セキュリティの向上を実現します。また，スマートコントラクトの実装によって，自動化された取引を可能にし，信頼性の高い契約執行を実現しています。web3 とブロックチェーン技術は，中央集権的な構造から脱却

し，ユーザーにより多くの権限とコントロールを提供します。個人のデータの所有権が強調され，透明性とセキュリティが確保された新しいインターネットの形態が実現されつつあります。これにより，社会全体がより分散化され，個人の自由とプライバシーが尊重される未来が広がっています。

13.1　オンチェーン分析：信頼と透明性の礎

　ブロックチェーンがデータサイエンスにどう活用できるかを検討するためには，まずその技術を理解することが重要です。ブロックチェーンは，分散型台帳技術の一種であり，複数のノードが参加し，分散して管理されるデータベースです。ブロックチェーンは，トランザクション（取引）データをブロックとよばれる単位にまとめ，それらのブロックを連結して連続的に保持することで，取引の透明性と信頼性を確保します（図 13.2）。これらの取引には，ウォレットとよばれるブロックチェーン上でのユーザー情報も記録されます。しかし，このウォレットは個人が用途に合わせて複数所持することが可能かつ個人情報を紐づけるものではないので，個人を特定できるようなものではありません。これらの内容を分析することを**オンチェーン分析**といいます。以下で，図 13.2 に記載されているブロックを構成する各要素についてまとめます。

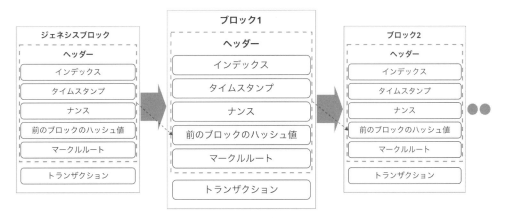

図 13.2　ブロックチェーンにおけるデータサイエンスのプロセス
（Ahmed, *et al.* 2019[8] を参考に作成）

- **トランザクション（取引）**
　トランザクションは，送信者から受信者に向けて行われる取引であり，金銭の送金や契約の履行などが含まれます。トランザクションは，公開鍵暗号学を用いて署名され，送信者の正当性を証明します。

- **ハッシュ値**

  ブロックチェーンのセキュリティは，ハッシュ関数とよばれる特殊なアルゴリズム
  によって確保されます。ハッシュ関数は，任意のデータを一定長の固定長の文字列，
  つまりハッシュ値に変換します。同じ入力に対しては必ず同じハッシュ値が生成さ
  れ，少しの変更でも異なる**ハッシュ値**が得られる特性をもっています。

- **ブロック**

  トランザクションは**ブロック**としてまとめられ，ブロックはハッシュ値をもってい
  ます。ブロックには，トランザクションのデータや前のブロックのハッシュ値（前
  のブロックの指紋ともいえる）などが含まれます。ブロック内のトランザクション
  は，そのブロックの取引履歴を示しています。

- **ナンス**

  ブロック内のデータを変更して，ブロックのハッシュ値の特定の条件（例: 先頭の
  特定の数値が 0 であるなど）を満たすようにするための数値を**ナンス**とよびます。
  ナンスの探索は，暗号学的ハッシュパズルとして知られ，ブロックを生成するプロセ
  スで重要な役割を果たします。

- **タイムスタンプ**

  ブロックは，特定の時間（**タイムスタンプ**）に生成されたことを示す情報も含んでい
  ます。これにより，取引の順序と時間の記録がブロックチェーン上で確立されます。

- **インデックス**

  ブロックは，それが何番目のブロックであるかを示す**インデックス**をもっています。
  これにより，ブロックチェーン内の特定のブロックを識別することができます。

- **マークルルート**

  マークルルートは，ブロック内のトランザクションを効率的に管理するための手法
  です。トランザクションのハッシュ値をまとめ，それを再度ハッシュして最終的な
  マークルルートを生成します。これにより，複数のトランザクションを 1 つのハッ
  シュ値にまとめ，ブロック内のスペースを節約することができます。

13.2　ブロックチェーンの信頼性

　ブロックチェーンの信頼性は，トランザクションの連続性によって確立されます。各ブ
ロックは前のブロックのハッシュ値を含んでおり，これによってブロックチェーン上の
データは過去からの連鎖をもっています。したがって，ブロックチェーン内のトランザク
ションは，前のトランザクションとの連続性をもっており，不正改ざんが困難です。この
連続性とブロックチェーンの分散性によって，取引データの透明性と信頼性が確保され，ブ
ロックチェーン技術は様々な分野で利用されています。

ブロックチェーン分析は，これらの特性を理解し，トランザクションの連続性を検証するプロセスです。ブロックチェーンの取引データを解析し，その信頼性を保つための技術的手法として，ますます重要性を増しています。ブロックチェーンの広範な活用と信頼性を維持するために，ブロックチェーン分析は不可欠な役割を果たしています。

13.3　ブロックチェーンデータを触ってみよう

ブロックチェーンのデータを分析するには様々な方法があります。その中で最も簡単に確認できる方法を 1 つ紹介します。それは，**Google Cloud** にて展開されている**Google BigQuery** です [9], [10]。

- **データウェアハウス**：データウェアハウスは異なるデータソースからのデータを集め，統合し，分析できるようにするためのデータの中央リポジトリです。
- **クラウドベース**：BigQuery は Google Cloud 上で提供され，サーバーレスなアーキテクチャを採用しています。
- **大規模データセットの処理**：ペタバイト単位のデータも処理可能であり，高い**スループット**（単位時間あたりの情報処理量）を提供します。
- **SQL を使用したクエリ言語**：標準の SQL をサポートし，誰でも簡単にクエリを実行しデータを分析できます。
- **リアルタイム分析**：高速なクエリ処理エンジンを搭載し，リアルタイムでのデータ分析が可能です。
- **サーバーレス**：サーバーレスのアーキテクチャを採用しており，ユーザーはスケーリングやインフラストラクチャの管理についての懸念を減らすことができます。

BigQuery では，ここまでで学習した MySQL や SQLite とは少し文法が異なる点には注意してください。BigQuery には，一般公開データセットとよばれるパブリックデータが含まれています。その中でも今回は最も有名な **Bitcoin** のデータの中身を確認していきます。BigQuery には bigquery-public-data.bitcoin_blockchain というデータで格納されています。その中にはブロックの中身が確認できる "blocks" や，取引が確認できる "transactions" というデータが内包されています。今回は取引の中身を確認するために，transactions というデータを確認していきます。Google Colaboratory 内で実施することを想定しています。

まずは必要なモジュールをインストールしておきましょう。

```
1  !pip install google-cloud-bigquery
```

その後, 下記のコードを実行します. 必要なモジュールの読込から始めます.

```
1   from google.cloud import bigquery
2   from google.colab import auth
3   import pandas as pd
4
5   # Google Cloud プロジェクト ID
6   project_id = "your-project-id"
7
8   # 認証
9   auth.authenticate_user()
10
11  # BigQuery クライアントの初期化
12  client = bigquery.Client(project=project_id)
13
14  # クエリの作成
15  query = """
16  SELECT *
17  FROM "bigquery-public-data.bitcoin_blockchain.transactions"
18  LIMIT 10
19  """
20
21  # クエリの実行
22  query_job = client.query(query)
23
24  # 結果を pandas DataFrame に格納
25  df = query_job.to_dataframe()
```

ここで your-project-id とは, Google Cloud の中の個人のプロジェクト ID を指します. 簡単に新規プロジェクトは作成できるので, 作成方法は Google の HP をチェックしてみてください. このとき, ChatGPT などチャット特化型 LLM に相談しながら進めてみると, 使い方を覚えられるかもしれません.

この結果で得られたデータは df 内に格納されているので, これまでの実習の中で見たチェック方法を試してみましょう. 結果を確認すると, 図 13.2 で示した情報がデータフレームに格納されていることがわかります. 例えば, 連続的なデータを取得したい場合, "previous_block" と "block_id" を参照することで可能になります. これにより, どこからどこへ取引が行われたかを追跡することが可能です. 他にも, "transaction_id" を参照することで, どれだけ活発に取引が行われているかを SQL などを使って簡単に集計することができます.

ここでは, Bitcoin に関するデータの参照方法を参照しました. BigQuery には他にも, **Ethreum** や **Avalanche** など様々なチェーンデータがパブリックデータとして格納されています. これらを利用することで, どのような取引が, どこからどこへ発生したかを追跡することができます. 本書ではその詳しい分析は省略しますが, 最先端のデータサイエンティストとしてオンチェーン分析はカバーするべき範囲なので, 興味がある人は深掘りしてみましょう.

第 13 章の問題

■ 理解度チェック

13.1　web1 から web3 までの流れを説明する文章として，間違っているものを下記から
　　１つ選びなさい。

(1)　web1 の情報は静的で一方通行である。

(2)　web2 は現在主流のインターネットである。

(3)　web3 は web2 の問題点をテクノロジーでは解決できないため，まったく新しい概
　　念を打ち出したものである。

(4)　web3 のテーマは「分散」であり，データや意思決定権を分散保有していくもので
　　ある。

13.2　オンチェーン分析について説明した文として，間違っているものを下記から１つ選
　　びなさい。

(1)　これまで中央集権的に管理されていたデータを誰でも見ることができる。

(2)　個人を特定できる情報までブロックに刻まれるため，取引をした個人を特定で
　　きる。

(3)　ブロックが連鎖的なため，改ざんリスクが低く，精度の高いデータを取得できる。

(4)　オンチェーン分析は，web3 時代にデータサイエンティストとして生きていくた
　　めに必要なスキルとなり得る。

参考文献およびデータ

[1] 総務省, 2020, 「統計表における機械判読可能なデータ作成に関する表記方法」, (www.soumu.go.jp/main_content/000723626.pdf) 2024 年 1 月アクセス

[2] 伊沢剛, 2020, 『面倒な作業が秒速で終わる！ Excel × Python 自動化の超基本』, 宝島社を参考にしました。Python 初心者にもわかりやすく解説されています。

[3] Zollman, Johannes, 2012, "Chapter 1 NoSQL Databases", Retrieved from Software Engineering Research Group, (https://redirect.cs.umbc.edu/courses/graduate/691/fall18/data-science/nosql_chapter.pdf) 2024 年 1 月アクセス

[4] Wolberg, W., Mangasarian, O., Street, N. & Street, W., 1995, "Breast Cancer Wisconsin (Diagnostic)", (https://doi.org/10.24432/C5DW2B) 2024 年 1 月アクセス

[5] Kingma, D. P. & Ba, J., 2017, "Adam: A Method for Stochastic Optimization", (https://arxiv.org/abs/1412.6980) 2024 年 1 月アクセス

[6] Vaswani, A., Shazeer, N., Parmar, N., Uszkoreit, J., Jones, L., Gomez, A. N., Kaiser, L. & Polosukhin, I., 2017, "Attention Is All You Need", (https://arxiv.org/abs/1706.03762) 2024 年 1 月アクセス

[7] Takami, Kohei, "japanese-finetuned-sentiment", (https://huggingface.co/koheiduck/bert-japanese-finetuned-sentiment) 2024 年 1 月アクセス

[8] Ahmed, A. H., Omar, N. M. & Ibrahim, H. M., 2019, "Secured Framework for IoT Using Blockchain", IEEE Ninth International Conference on Intelligent Computing and Information Systems: 270-277, (https://www.researchgate.net/publication/339901454_Secured_Framework_for_IoT_Using_Blockchain) 2024 年 1 月アクセス

[9] Thomas, J. & Martin, A., 2023, "Enhancing Google Cloud's blockchain data offering with 11 new chains in BigQuery", (https://cloud.google.com/blog/products/data-analytics/data-for-11-more-blockchains-in-bigquery-publicdatasets?hl=en) 2024 年 1 月アクセス

[10] Google Cloud, 「BigQuery の概要」, (https://cloud.google.com/bigquery/docs/introduction?hl=ja) 2024 年 1 月アクセス

問 題 解 答

第 1 章 ─────────────

1.1 (4) → (1) → (5) → (3) → (2)

1.2 (2)

【解説】順位（ランキング）は質的データ，順序尺度です。

1.3 (5)

【解説】年代は質的データですが，年齢は量的データです。

第 2 章 ─────────────

2.1 (3)

【解説】1 セル 1 データとします。特に，カンマは csv に変換したときに，値が区切られてしまうので注意します。

2.2 エラーインジケータ

【解説】エラーインジケータは，エラーの可能性を示しています。

2.3 Ctrl+Y（Windows）；
Shift+command+Z（Mac）

2.4 (2)

2.5 ANSI

2.6 (5)

2.7 リボン「ホーム」の「数値」グループの右下から「セルの書式設定」ダイアログボックスを起動し，「表示形式」タブの「分類」ボックスの中から「ユーザー定義」を選んで，右側の「種類」のテキストボックス内に，

0"円" または#"円" と入力します。

2.8 =B2/B$22

2.9 (5)

2.10 例えば，隣に新しい列を作り，一番上に，最後のスペースなしに値を入力した後，フラッシュフィルにします。

第 3 章 ─────────────

3.1 AVERAGEIF

3.2 例えば，リボン「テーブルデザイン」の左端にある「テーブルのサイズ変更」から範囲を指定します。

3.3 (4)

3.4 (4)

3.5 ～ 3.9 特設サイトとその動画を参考にしてください。

第 4 章 ─────────────

4.1 # 基本のアルゴリズム
フローチャート
順次・分岐・反復
- *if*文による**分岐**
- *for*文による**ループ**
- *while*文による**ループ**

4.2 Shift + Enter

4.3 ('TAKEISHI', 'Chikako')

【解説】[リスト] に対して，タプルは (タプル) と丸括弧で表示されます。

4.4　['b', 'c']

4.5　a = 6

4.6　最後に小さい順に並べ替えられます。

4.7　larger

4.8　99 回

4.9　(1)

第 5 章 ─────────────

5.1　module

5.2　233

5.3　a

5.4　b

5.5　7525

5.6　例えば，下記のコードです。

```
def bubble(x):
    n = len(x) - 1
    for i in range(n):
        for j in range(n-i):
            if x[j] > x[j+1]:
                larger = x[j]
                x[j] = x[j+1]
                x[j+1] = larger
    print(x)
```

5.7　例えば，下記のコードです。

```
def fib_less_than(n):
    result = []
    a, b = 0, 1
    while b < n:
        result.append(b)
        a, b = b, a+b
    print(result)
```

5.8　例えば，下記のコードです。

```
def fib_less_than(n):
    result = []
    a, b = 0, 1
    while b < n:
        result.append(b)
        a, b = b, a+b
    result=list(result)
    print(result)
    print(len(result)-1)
```

5.9　15 か月後の 987 つがい

第 6 章 ─────────────

6.1　(5)

6.2　(3)

　　【解説】データ内容を読み込むのはコード 6～7 行目で，data_list はその準備です。

6.3　(3)

第 7 章 ─────────────

7.1　(4)

7.2　(1)

7.3　(5)

7.4　（例えば）　TOTAL

7.5　(5)

第 8 章 ─────────────

8.1　ndarray

　　【解説】array というエイリアスで表されているときもある。

8.2　(4)

8.3　(3)

　　【解説】アデリーは，ジェンツー，チンストラップに比べて，くちばしの長

さが短い傾向がある。

8.4　(2)

8.5　hue

第9章

9.1　(1)

9.2　(4)

9.3　(5)

9.4　(2)

9.5　以下のように出力されます。

> **実行結果**
>
> [1.0, 1.0, 3.0, 0.0, 0.0, 0.0,
> 0.0, 0.0, 0.0, 0.0]
> 7500.0

第10章

10.1　(4)

10.2　(4)

10.3　(1)

10.4　福岡（FKO）支店と大阪（OSK）支店の平均金額について t 検定を行ったところ，$t = 1.558, df = 52, p = 0.125 > \alpha = 0.5$ であった。よって，2 支店の平均値に統計的に有意な差があるとはいえない。

10.5　(1)

第11章

11.1　(4)

11.2　scikit-learn ライブラリの model_selection モジュールにおける train_test_split 関数の引数を，test_size=0.2 にする。

11.3　y_pred と y_train_pred

11.4　(1)
予測力が高い場合，左上から右下の対角線のセルの色が濃くなる。

11.5　はい

11.6　過学習

11.7　(4)

11.8　(2)

11.9　データの前処理，別モデルの選択，ハイパーパラメータ調整

第12章

12.1　(1)

12.2　(4)

12.3　(1)

12.4　(3)

12.5　(4)

12.6　(2)

第13章

13.1　(3)

13.2　(2)

索　引

著者略歴

武 石 智 香 子
たけ いし ち か こ

1999 年　ハーバード大学大学院社会学
　　　　研究科博士課程修了
現　在　中央大学商学部教授　Ph.D.

佐 々 木 　 亮
さ さ き 　 りょう

2021 年　中央大学大学院理工学研究科
　　　　物理専攻博士課程修了
現　在　株式会社ディー・エヌ・エー
　　　　データアナリスト / プロダクト
　　　　マネージャー　博士(理学)

ⓒ　武石智香子・佐々木 亮　2024

2024 年 5 月 27 日　初 版 発 行

超入門
はじめての AI・データサイエンス

著　者　武石智香子
　　　　佐々木　亮

発行者　山 本　　格

発 行 所　株式会社　培 風 館
東京都千代田区九段南 4-3-12・郵便番号 102-8260
電 話 (03)3262-5256 (代表)・振 替 00140-7-44725

印刷・製本　三美印刷

PRINTED IN JAPAN

ISBN 978-4-563-01622-7　C3004